"带一路" 国别投资
律实务指南丛书

张晓君 总主编

缅甸外商投资法律实务指南

张晓君 ［缅］吴温敏（U Win Myint） 主编

法律出版社 LAW PRESS·CHINA

副主编简介

张剑波 法学博士，西南政法大学国际法学院副教授、硕士研究生导师，中国-东盟法律研究中心研究员。

钟　佳 缅甸仰光大学博士，西南政法大学国际法学院讲师、师资博士后。

其他撰稿人简介

丁　丁 （Thin Thin Oo）缅甸联邦最高检法律咨询处官员。

莫　下 （Moe Cho）缅甸联邦最高检立法审查与建议处官员。

叶　伦 （Aung Ye Lwin）缅甸联邦最高检法律咨询处官员。

伊　凯 （Ei Khin Zin Aung）缅甸联邦最高检立法审查与建议处官员。

郭小杰 西南政法大学和美国凯斯西储大学法律硕士，上海政法学院专职组织员。

陈时勇 中国澜湄律师事务所律师。

于　洋 中国澜湄律师事务所律师。

魏　玮 中国澜湄律师事务所律师。

刘鹏程 中国澜湄律师事务所律师。

罗媛媛 中国-东盟法律研究中心项目官员。

总　序

当今世界正经历百年未有之大变局，在此之下的国际环境变得越加复杂，国际关系的不稳定性与不确定性显著增加，但和平与发展仍是当今的时代主题。共建"一带一路"是中国与沿线国家和地区通向共同繁荣的机遇之路。在新时代推动共建"一带一路"高质量发展的号角下，中国与"一带一路"沿线国家始终坚持共商、共建、共享原则，共同推进基础设施互联互通，构筑互利共赢的产业链、供应链合作体系，深化国际产能合作，扩大双向投资。自"一带一路"倡议提出以来，中国与包括东盟在内的"一带一路"沿线国家不断深化经贸合作，提升贸易、投资自由化和便利化水平，持续推进更高水平对外开放，各方在经贸合作领域取得丰硕成果，也催生了世界经济发展的新格局。

截至2020年5月，中国已先后与138个国家、30个国际组织签署200份共建"一带一路"合作文件，共建"一带一路"合作取得了早期成效，为各国和世界经济增长开辟了更多空间，也为中国与"一带一路"沿线国家合作构筑了更坚实的新平台。由此带来的是共建各方经贸往来金额的持续增长。2013～2019年，中国与"一带一路"沿线国家货物贸易进出口总额从1.04万亿美元增至1.34万亿美元。2019年，中国与签署“一带一路”合作文件的国家货物贸易总额达1.90万亿美元，占中国货物贸易总额的41.5%；其中，出口总额9837.6亿美元，进口总额9173.9亿美元。同年，中国与“一带一路”沿线国家服务进出口总额达1178.8亿美元；其中，出口总额380.6亿美元，进口总额798.2亿美元。2020年，中国与东盟的经贸合作更是在全球性新冠疫情的不利影响下逆势上扬，前三季度双方贸易额达4818.1亿美元，占中国外贸总额的1/7，这充分显示了双方合作的强劲韧性。

在投资领域，中国与“一带一路”国家在投资合作项目方面始终坚持“政府引导、企业主体、市场运作”原则，确保投资的可持续性，并着力为投资者营造公平和非歧视的营商环境，积极推动引进外资和对外投资协调发展。2013～2019年，中国对外投资持续拓展，中国企业对“一带一路”沿线国家非金融类直接投资累计超过1000亿美元。“一带一路”沿线国家对我国直接投资超过500亿美元，设立企业超过2.2万家。尤其值得一提的是，2020年以来，中国对东盟国家直接投资达107亿美元，同比增长76.6%，凸显中国与东盟国家投资合作的巨大潜力。以上数据表明，共建“一带一路”倡议源于中国，而机会和成果同属东盟各国及所有参与“一带一路”建设的各国。

当然，在共建“一带一路”投资交往和中国－东盟投资发展过程中，也暴露出中国投资者在东盟等“一带一路”沿线国家面临的困境与难题，诸如部分投资收益不及预期、投资面临较大的非商业性风险、投资遭遇非政府组织的阻碍等。究其原因，在很大程度上是法治合作与交流还存在短板，投资者对“一带一路”国家的投资法律制度、投资政策缺乏认识和了解，并往往忽略了各国文化习俗差异，从而引发投资风险，造成不必要损失。为有效规避投资风险，中国投资者需要熟悉东盟等“一带一路”沿线国家外商投资法律、政策与相关制度，了解可能面临的投资风险和制度风险，提前做好投资规划，有针对性地实施投资战略，最大限度地规避投资风险。

我们必须认识到：“一带一路”是各国共同的事业，是一项长期性的系统工程，需要良好的法治营商环境，并需要在法治化轨道上高质量发展，以实现各国之间的优势互补、互利共赢。这要求共建国家共同贡献智慧和力量，积极开展法治领域的合作，运用法治化手段推动共建“一带一路”，为建设开放型经济、促进世界经济复苏提供法治支持，也为促进与推动中国与“一带一路”沿线国家贸易与投资的持续稳定增长提供强劲动力。就中国而言，中国将继续坚持“开放包容、互利互赢”的合作原则，以绘制工笔画的精神，同东盟国家一道共同推动共建“一带一路”合作走深、走实，行稳、致远，以高质量的发展开创更美好的未来，为人类命运共同体的构建作出实质性贡献。

“一带一路”国别投资法律实务指南丛书是中国－东盟法律研究中心协同东盟等“一带一路”沿线国家法学法律组织共同编撰，通过“一国一法”的形式向广大投资者展示各国不同的投资法律制度与投资政策，以翔实的内容、权威的表达，分门别类，旨在为广大投资者提供专业性的法律指导，帮助投资者熟悉“一带一路”沿线国家投资政策，避免盲目投资引发法律风险，促进中国与“一带一路”沿线国家的投资，助力“一带一路”建设。

2021 年 1 月

序　言

为贯彻落实"一带一路"合作倡议，共同推进中缅经济走廊建设，西南政法大学中国－东盟法律研究中心携手缅甸联邦最高检察院共同组织中缅两国法学界专家、学者及法律实务工作者，以中缅经济走廊建设的现实需要及推动中缅两国在投资领域内的深度合作为目的，共同编写了本书。在缅甸联邦最高检察院副总检察长吴温敏的大力支持下，参与编撰的缅甸联邦最高检察院的检察官们积极与其他中缅学者紧密配合、深入沟通，在资料选取、数据核实、人员组织、内容编写与审定等方面做了大量周到细致的工作，倾注了许多心血，使本书得以顺利完成。作为中缅法学界、实务界深入交流与合作的成果之一，本书能为广大外国投资者，尤其是中国投资者赴缅投资提供全面、系统、及时和专业的法律指导，也是中缅法学界以实际行动推动中缅两国经济文化交流的明证。在与缅甸司法界、教育界的交流与合作中，中国－东盟法律研究中心已为缅甸法院、检察院、高校及其他社会各界培养了多名法学硕士、博士专门人才，并与缅甸联邦最高检察院共同出版了《中国－东盟法律评论（缅甸法）专辑》等成果，这些都标志着中缅法学界的交流与合作进入了更成熟、更务实的新阶段。

当前,国际经济形势复杂多变,贸易保护主义愈演愈烈,与之形成鲜明对比的是在“一带一路”倡议下中国与东盟的经贸合作关系更紧密,双方的互信进一步增强,中国与东盟务实而富有成效的经济交流与合作已成为当前纷繁复杂的国际经济交往中的一股清流。缅甸作为东盟的重要成员和中国传统友好邻邦以及全面战略合作伙伴,大力引进外资以促进经济发展成为其当前的一项重要任务,毗邻而居的中国无疑是缅甸重要的外资引入国,中缅双方在投资领域内的合作潜力巨大。而赴缅投资的中国企业及个人在了解缅甸投资机会的同时,更需全面了解缅甸的投资环境和投资相关的法律与政策,并在赴缅投资前做好充分的评估与准备,以期实现投资收益的最大化。本书的编写满足了中缅双方加强投资领域合作的意愿及中国广大投资者赴缅投资的现实需求,它通过对缅甸目前的投资政策与法律制度的剖析,最大限度地为广大赴缅投资者提供必要的智力成果支持与法律指导。

本书的编写充分发挥了缅甸联邦最高检察院在司法实务方面的优势和西南政法大学中国－东盟法律研究中心在东南亚法律研究、东盟国家法律人才培训与培养,以及中华人民共和国最高人民法院域外法查明服务平台等方面的优势。然而,由于缅甸正经历着政治与经济的剧烈转型,其国内的改革步伐不断加大,相关制度正在进行调整与完善,投资政策与法律法规因现实需要而不断更新、变化,这些都给本书的编写造成一定困难。加之编者水平有限,囿于资料来源途径的差异,希望广大读者斧正,我们将在今后的增补与修订工作中加以完善。

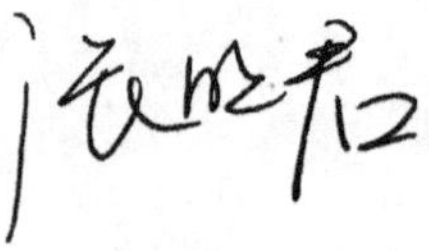

2021 年 1 月

目　录

第一章　绪　论

一、“一带一路”倡议下缅甸的定位

自中国提出建设“新丝绸之路经济带”和“21 世纪海上丝绸之路”倡议后，得到了沿线国家的积极响应，“一带一路”倡议给沿线国家的经济发展带来了新机遇。在当今世界正发生复杂而深刻的变化、国际金融危机的深层次影响继续显现、世界经济复苏缓慢、国际投资贸易格局正快速变化、多边投资贸易规则面临深刻调整、各国面临的发展问题依然严峻的大背景下，共建“一带一路”倡议无疑顺应世界多极化、经济全球化、文化多样化潮流。“一带一路”倡议秉持开放合作的精神，致力于维护全球自由贸易体系和开放型世界经济秩序，促进经济要素有序自由流动、资源高效配置和市场深度融合，推动沿线国家实现经济政策协调，并共同实现经济发展。而沿线各国在“一带一路”倡议下，通过开展更大范围、更高水平、更深层次的区域合作，共同打造更开放、包容、均衡、普惠的区域经济合作架构。事实上，自“一带一路”倡议提出以来，中国对外投资规模大幅增长，投资前景持续向好，与沿线国家的经贸合作更紧密，各方互信显著增强。与此同时，中国也加速开放国内市场,吸引更多"一带一路"沿线国家投资者分享我国改革开放成果,以提升沿线国家在"一带一路"建设中的获得感与成就感,促进中国与其他参与国的经济一体化水平,加速推动世界各国共同开放的贸易投资自由化进程。①

缅甸作为连接"新丝绸之路经济带"与"21 世纪海上丝绸之路"的关键节点之一,一直是中国的传统友好邻邦和全面战略合作伙伴,其特殊的地理位置与中缅传统的友好关系,决定了缅甸能在"21 世纪海上丝绸之路"和作为丝绸之路经济带一部分的孟中印缅经济走廊中发挥独特的建设性作用。而中国领导人在会见缅甸领导人时也多次表示,中方欢迎缅方参与"21 世纪海上丝绸之路"建设,开展经济开发区、基础设施的互联互通等领域的合作,共同推进孟中印缅经济走廊建设。在此背景下,缅甸对于参与"一带一路"建设也十分积极,作为首批加入中国发起成立的亚洲基础设施投资银行的 21 个国家之一,它迫切期望通过进一步扩大开放来与中国加强经贸合作以发展本国经济,并抓住机遇从"一带一路"建设中受益,这也为广大的中国投资者到缅甸投资提供了机会,通过中缅双方的深度合作,实现双方的合作共赢。但同时,广大投资者也必须认识到,缅甸国内正经历着激烈的政治民主化转型和经济改革,其国内形势的复杂性也给中缅双边合作带来了诸多不确定性因素。在此情形下,投资者需要加强对缅甸国内形势的跟踪研究,了解其国内政策与法律变革趋向,对在缅投资中可能存在的风险予以足够重视,以确保投资收益。

就地理位置而言,缅甸位于东亚、东南亚和南亚 3 个区域的交界处,北部与中国毗邻,西部与印度、孟加拉国相接,东部与老挝、泰国交界,西南面濒临孟加拉湾和安达曼海,是中国进出孟加拉湾和印度洋的重要陆上通道。从历史角度来看,缅甸作为连接中国西南的通道,它是最早与中国发生交往的地区,也是和中国进行双边陆上交往关系最频繁、持续时间最长的国家。中缅边境线长达 2185 千米,边界上有许多跨境而居的少数民族。在中国古代先民陆续开辟的丝绸之路中,缅甸就是海上丝绸之路两大通道之一,缅甸重要的地缘位置决定了其在"一带一路"建设中是可以发挥独特作用的,一个和平且政治、经济

---

① 参见《张宇燕委员:全面推进"一带一路"高质量发展》,载中国一带一路网:https://www.yidaiyilu.gov.cn/,最后访问日期:2020 年 4 月 30 日。

稳定的缅甸是中国所期望的。“一带一路”倡议的高质量落实离不开稳定的周边环境。① 因此,保持良好而可持续的中缅政治、经济与人文交流关系,加强中缅全方位的友好合作是我国“一带一路”倡议得以顺利实施的可靠保证。

2015 年中国发布《推动共建丝绸之路经济带和 21 世纪海上丝绸之路的愿景与行动》,清楚地描述了由缅甸、孟加拉国南下,与海上丝绸之路相汇于孟加拉湾的贸易通道,突出了缅甸在“一带一路”南线的枢纽作用。中国经中亚、南亚通往西半球的其他路线不仅距离核心地区太远,交通和物流费用也比途经缅甸更高,而涉及中亚国家的丝绸之路经济带在短、中期内可能面临较多安全方面的不确定性,经由缅甸的贸易通道无疑具有更大的便利性优势。并且,从地理上看,缅甸也是实现中国与东南亚、南亚地区互联互通的重要枢纽。缅甸的海岸线长,拥有许多天然深海港,仰光、皎漂等优良的港口为中国海外贸易西出印度洋直接进入波斯湾、红海提供了可能。而缅甸的最大河流伊洛瓦底江经过适当疏通后,可自缅甸北部的八莫形成 3000 吨级货船的水陆联运大通道直达印度洋,中缅公路也将成为连接东南亚、南亚地区的国际大动脉。②

缅甸国土面积超过 67 万平方公里,为东南亚面积第二大国家、中南半岛面积最大的国家。缅甸自然条件优异,境内资源型矿产主要有锡、钨、锌、铝、锑、锰、金、银等,宝石和玉石享有盛名。石油和天然气在内陆及近海有较大蕴藏量。据缅甸能源部统计,该国共有 49 个陆上石油区块和 26 个近海石油区块,原油储量 32 亿桶、天然气储量 89 万亿立方英尺。缅甸水力资源丰富,伊洛瓦底江、钦敦江、萨尔温江水系纵贯南北,潜在水能资源超过 1 亿千瓦,开发率却只有 2.54%。③ 缅甸生态环境优越,森林覆盖率为 41%,拥有林地 5 亿多亩,是世界第一大柚木出口国。硬木也是缅甸第三大出口商品,仅次于天然气与成衣。在经济结构方面,缅甸依旧属于农业社会,农业耕地面积达 1.5 亿亩,素有“稻米之国”的美称,农业部门就业人口占劳动总人口的 70%。除了丰富的资源蕴藏,劳动力结构优势也是外界看好缅甸发展的重要原因之一。据估计,缅

① See Asia Sentinel, "Unrest in Kachin: China's Mixed Blessing", accessed June 1, 2018, http://www.asiasentinel.com/politics/unrest-in-kachin-chinas-mixed-blessing.

② 参见缅甸事业部:《“一带一路”背景下中国投资缅甸的重要性挑战及建议》,载正点国际网:www.qqfx.com.cn.,最后访问日期:2020 年 4 月 27 日。

③ 参见《资料:缅甸国家概况》,载中国信息网:http://news.china.com.cn/world/2014-11/11/content_34021502_2.htm.,最后访问日期:2020 年 4 月 27 日。

甸总人口达5400万人，全球排名第25名；劳动人口约为3431万人，全球排第19名。在人口组成结构方面，15～65岁人口占缅甸人口总数的69.3%，全国年龄中位数为27.9岁；识字率则为92.7%（15岁以上男性识字率为95.1%，女性则为90.4%）。[①] 此前，在西方的制裁和孤立下，缅甸经济多年未得到发展，2011年缅甸开启国内改革以来，其将经济改革与政治改革放在同等重要的地位，实施了多项务实的改革措施，为外国投资者提供了更便利的投资环境。据亚洲开发银行2012年发布的题为《转型中的缅甸：机遇与挑战》的报告中，预计缅甸未来20年年均经济增长率将达到7%～8%，人均国内生产总值将在2030年增加到2012年的3倍（达到2000～3000美元）。[②] 近几年，缅甸经济基本都实现了高速增长，年均经济增长率保持在7%～8%。良好的经济发展前景与巨大的经济发展潜力无疑给海外投资者投资缅甸提供了可能。

就能源领域而言，缅甸丰富的油气资源给中缅能源合作提供了条件，也为中国投资者参与缅甸能源领域的投资提供了可能。根据《世界能源统计》，2011年的缅甸天然气探明储量排名世界第十。中国参与缅甸油气资源的合作开采、中缅合作修建石油天然气管道，不仅有利于缅甸成为我国又一大能源来源地，有助于我国能源安全问题的缓和，还能带动缅甸周边国家经济的发展，从而为东盟的整体发展作出贡献。

可见，缅甸优越的地理位置、丰富的自然与劳动力资源、不断出台的国内改革政策与经济发展措施等，皆给海外投资者参与缅甸的经济建设提供了可能，也给缅甸充分发挥其南亚与东南亚的桥梁作用，为“一带一路”倡议的高水平落地提供了条件。而中国所倡导的“一带一路”建设必将把中国改革开放几十年的先进经验、先进技术传到沿线国家，促进沿线地区的发展。对于缅甸来讲，抓住“一带一路”建设机遇，合理定位自身角色，扫除政治与经济方面的障碍、加强改革、出台激励措施，发挥其在“一带一路”建设中的相关优势，吸引海外资本参与项目建设，进而实现本国经济的发展，无疑是明智之选。我国近年来已经和

---

① 《安邦东盟：缅甸投资风险报告》，载共识网：http://www.21ccom.net/articles/world/bjzd/20150114118991.html.，最后访问日期：2020年4月28日。

② See Asian Development Bank Report: "Myanmar in Transition: Opportunities and Challenges", accessed June 1, 2018, http://www.adb.org/sites/default/files/publication/29942/myanmar-transition.pdf, August 2012.

缅甸有了多方面的合作,如在缅甸投资建设了油气管线、合作开发了多个水电项目,尽管其中一些项目暂时搁浅,但无论从地缘战略,还是"一带一路"倡议的落实角度,我国都应重视缅甸,与缅甸的全方位深度合作不但能够为"一带一路"倡议的落实创造条件,还可以缓解我国贵州以及云南用气压力。鉴于此,中缅之间应充分发挥各自优势,进一步加强合作,从而实现双方的合作共赢。

二、中缅关系的发展

中国与缅甸于1950年6月8日正式建交,迄今已近70年。这近70年的中缅关系史大致可以分为三个时期:第一个时期为1950年到1962年2月,即缅甸议会民主制时期;第二个时期为1962年3月到1988年8月,为奈温军政府和缅甸社会主义纲领党执政时期;第三个时期则从1988年9月缅甸新的军人政府上台执政至今。

缅甸是最早与中国建交的国家之一。1950~1962年这10多年间,中缅自身发展为中缅关系奠定了基础。这一时期中缅关系发展有三个重要特点。一是在新中国当时对外关系全局中,缅甸是一个重要对象。二是在这一时期中缅解决了历史遗留下来的边界问题,确定了双边关系的基本原则,奠定了新中国与缅甸关系发展的基础。三是形成了两个热潮:中缅1950年建交后,双方在1954年确立了和平共处五项原则,1954~1956年在官方和民间两个层面形成了第一个关系发展的热潮;到1960年,双方和平解决历史遗留下来的中缅边界问题,同年签订了《中华人民共和国和缅甸联邦之间的友好和互不侵犯条约》,由此,于20世纪60年代初形成了中缅友好关系发展的第二个热潮。

从1962~1988年这20多年间,中缅关系平稳发展,但平稳中又带有起伏。这一时期中缅关系的特点有两个:一是从1962~1970年,由于缅甸内外政策的变化并在对外关系中采取了较消极的政策,中国正经历"文化大革命",中缅关系在20世纪60年代后期经历了"一波三折";二是虽然中缅关系在1971年后归于友好,而且友好关系有所发展,但是与20世纪60年代初相比,双方关系好而不热,总体上水平不高。

从1988~2010年这20多年,中缅关系又进入了一个新的阶段,中缅关系不断升温、全面发展。这一阶段为当代中缅关系的第三个时期,从1988年9月的缅甸新军人集团上台执政一直到2011年。这一时期中缅关系的特点是,缅甸由于受到西方国家的经济制裁以及国内经济的恶化,主动发展与中国的关系。随着越来越多的中国企业走出去,中国也越来越重视周边外交和对缅关系的发展。同时,缅甸对外开放发展市场经济的政策推动以及影响中缅关系的一些消极因素的减弱和有利因素的增强、中国经济的迅猛发展和国际影响力的增强,使双方在经济上的互补性大为增强,这些皆为中缅关系的发展和合作水平的提高提供了更大空间。在这22年间,缅甸所处的国际环境和军政府的内外政策基本上没多大变化,也使其对华政策保持了很强的连续性。因此,这一时期的中缅关系得到全面发展,合作规模和水平得到了不断扩大和提高,①由此,也进入中缅关系的"蜜月期"。并且,该"蜜月期"一直延续至今,其中尽管有小波折,但总体而言不影响中缅友好关系的大方向。

经过以上三个时期的发展,中缅关系的发展越发趋于良性。一方面,缅甸民主化进程为中缅关系的正常化创造了前提。随着缅甸民主化建设的推进,缅甸对外交往关系也步入了新阶段,它通过加强与世界主要国家和周边国家的沟通、交流而力求成为对外全面友好的正常国家。而一个民主化的缅甸更有利于中缅双方的交流与合作,中缅关系也进而转向一种正常国家间关系。② 另一方面,缅甸的工业化进程需要来自中国的大力支持。缅甸出口导向型的经济发展方向决定其未来的对外政策会更加依赖于外部,这就意味着其会更坚持多元外交。为了推进出口导向型战略的实施,加之中国作为其近邻有能力向其提供经济方面的支持,处理好与中国的关系有利于其实现国内的改革目标,中国仍是缅甸对外关系中的重点交往对象。③

现阶段,为进一步推进中缅关系的发展,中国可适时调整思路并采取以下措施深化与缅甸的双边关系。

一是充分发挥中缅"一带一路"与"中缅经济走廊"合作框架所确立起来的合作机制作用。早在2015年,中缅便已发表联合申明,在该声明中,双方已就"一带一路"建设达成共识。2018年9月,两国进一步签署了《中华人民共和国

---

① 参见贺圣达:《中缅关系60年:发展过程和历史经验》,载《东南亚纵横》2010年第11期。

② 参见卢光盛:《中缅政治经济关系的发展、现状及其意义》,载《国际关系学院学报》2009年第2期。

③ 参见卢光盛、金珍:《密松事件后中国对缅投资停滞了吗》,载《世界知识》2015年第11期。

政府与缅甸联邦共和国政府关于共建中缅经济走廊的谅解备忘录》。[①] 鉴于此，为进一步加强两国关系，从政府角度可考虑立足现有合作框架而对未来双边经济关系发展进行总体设计，重点考虑构建以"五通"为基础的中缅双边合作机制，以促进中缅双边关系的升级。从投资者角度来看，则可考虑充分利用中缅"一带一路"与"中缅经济走廊"合作框架所构建起来的合作机制，找准相关投资领域和投资项目进行投资，实现双方的合作共赢。

二是适当调整对缅甸的投资思路。过去，中国对缅甸的投资更多倾向于对自然资源领域的投资如能源、水利等，而忽略对其传统制造业领域的投资。未来中国对缅甸投资可考虑适当转变投资方向，重点增加能够提振当地就业的劳动密集型制造业的投资。相比其他产业，制造业是能够密切双方经济关系的基础产业，对缅甸制造业投资不仅能够助推缅甸制造业的发展，还能对缅甸的整体经济发展起推动作用，它更容易激发缅方的合作热情。就中方而言，向制造业领域倾斜能够使中国对缅甸的影响力建立在扎实的产业关系基础上，而截至2014年，中国对缅甸的制造业累计投资仅为1.29亿美元，远远低于自然资源领域的投资。当然，即使投资制造业，中方也应将风险防控放在突出位置。

三是加强与贸易有关的投资以提升缅甸的出口能力。缅甸物产丰富，中缅在进出口方面有较强的互补性，但由于历史原因及经济发展阶段的影响，缅甸的对外开放程度还不够，其对外贸易还存在较大的提升空间，尤其在出口方面，缅甸有强烈的增加本国产品出口的意愿，以此积累更多外汇。而目前缅甸出口与GDP之比仅为15%左右，该比值远远低于多数东亚国家。鉴于此，为加强中缅两国的经贸关系，中方可考虑增加对缅的与贸易有关的投资，以此协助缅甸提升出口水平，增强中缅经贸往来，进而实现我国在投资方面获得稳定回报。

四是加大对缅甸基础设施方面的投资。缅甸经济及基础设施尚不发达，这也极大地制约了缅甸经济的发展。改善缅甸落后的基础设施现状，化解缅甸经济增长的"瓶颈"，便是缅甸现政府迫切希望解决的问题。而从投资角度看，缅甸目前急需大规模的基础设施建设资金以改善缅甸落后的基础设施现状，吸引外资进入基础设施建设领域已经成为其重要的政策导向，这也给外国投资者以

---

① 参见《中缅经济走廊：缅甸发展的新兴途径》，载光明网：http://epaper.gmw.cn/gmrb/html/2018-09/17/nbs.D110000gmrb_12.htm.，最后访问日期：2020年4月27日。

新的投资机会。鉴于此,中方可考虑加大对缅甸基础设施领域的投入。这不仅可以满足缅甸基本的民生需要,也可以推动缅甸的经济改革步伐,为广大的外国投资者营造更良好的投资环境,从而确保包括中方在内的广大投资者获得稳定的投资回报。

五是应更重视对缅甸的民间交往工作。中缅双方的长久合作离不开中缅人民的长期友好关系。因此,中方除了应加强与缅甸在经济领域的合作外,更应强调通过经济领域的合作来促进两国人民的相互了解与交往,使中缅经济交往成果能够转化为人民的友谊,从而实现中缅人民的长久友好,进而确保两国经济交往的长期稳定发展。由于民主化进程正在促使缅甸社会走向多元化,中方在加强对缅甸的投资时,应更注重对缅甸的民间交往,并将合作重点适时地向民生领域倾斜,以经济交往促进民间交往,以增加中缅人民之间的相互了解,最终实现中缅双方的长期友好与合作。①

三、中缅投资的不对称性

随着中缅两国关系的发展,中缅的相互投资也越来越多,但在这个过程中,中缅两国的相互投资存在一定的不对称性。由于历史原因,缅甸在对外经济合作方面需要来自中国的贸易和投资,在选择国际经济合作项目时则倾向于选择与中国的合作。在贸易方面,对缅甸来讲,缅中贸易是缅甸对外经济关系中极其重要的一环,特别是缅中之间的边境贸易对缅甸经济及改善边境地区居民的生活水平意义重大。而就中国而言,中缅双边贸易也无疑是双方经济交往的一项重要内容,中缅贸易同样起着改善中国西南边境地区当地居民的生活、加深两国人民的交往等作用。并且,由于经济水平及资源的差异,中缅两国的双边贸易在很大程度上能够实现两国产品的互补,这种不对称性便表现得并不突出。

而在投资领域,由于双方经济发展水平及技术水平存在较大差异,缅甸对中国的投资十分渴求。缅甸期望大量的中国投资,例如,在投资领域,2010 年中国便已成为缅甸的第一大投资国,在经济技术等的援助和合作上,中国占据着

---

① 参见赵江林:《缅甸民主化、工业化进程与中缅关系》,载《东南亚研究》2017 年第 1 期。

主导地位。以基础设施领域的投资为例,中国经过改革开放40余年的发展,尤其是近10多年的经济快速发展,国内基础设施建设突飞猛进,交通、能源、水利、通信等领域设施建设取得了令世界瞩目的成就。而这些领域取得的技术成就更是有目共睹,在基础设施投资方面也已从过去的"引进来"阶段发展到"走出去"的新阶段,这便是导致中国在基础设施建设方面对于来自缅甸的投资需求不足的原因之一。而缅甸在基础设施领域无论从设施建设到技术水平等方面皆存在巨大差距。缅甸在实行"民主"转型之前,因受西方的长期制裁和孤立,经济多年未得到发展,2011年缅甸民选政府开启改革和实行对外开放政策后,缅甸经济才有了较快发展,基础设施领域投资也有所增长。但是,由于各种因素的制约,缅甸基础设施建设进程依然缓慢、资金缺口依然很大,基础设施建设的速度与水平皆未能满足经济快速发展的需求。

与东盟各国相比,目前缅甸的基础设施在东盟国家中处于较落后的水平,交通、能源、水电、通信等基础设施陈旧且严重不足。单就交通基础设施状况而言,根据世界经济论坛《2014-2015年度全球竞争力报告》:在全球144个经济体中,缅甸交通基础设施整体质量排名第138位。从分项排名看,机场质量排名最差,为第137位。缅甸铁路、港口及公路设施质量的排名也很低,分别为第94位、第125位和第134位,缅甸的基础设施,尤其是交通基础设施状况堪忧。缅甸交通运输主要以水运为主,全国约50%的货运量依靠水运。但内河水运的季节性影响突出,海运可供远洋货轮停靠的港口又较少,这些都制约了运输业务的开展。而就铁路运输而言,缅甸铁路总长不足6000公里,而且多为窄轨,机车及运营设备相当陈旧。截至2016年年底,缅甸公路总里程约37,000多公里,大部分是砂石土路,鲜有高等级公路。根据联合国发展机构(The United Nations Development Programme,UNDP)统计,东盟平均每千人道路密度约为13公里,缅甸只有4公里;印尼及泰国每千人分别拥有260辆及380辆汽车,缅甸只有不到30辆,甚至从最大的经济中心城市仰光到土瓦经济特区仅600公里的陆地距离,至今还没有直达汽车。可以说,缅甸相对滞后的交通基础设施,不仅是制约其经济增长的主要因素之一,也是其参与实施"一带一路"建设的一个"瓶颈",而中国积累的丰富的基础设施建设经验与充足的基础设施建设资金皆成为缅甸的渴求,这也促使缅甸积极参与中国提出的"一带一路"倡议,期望通过"一带一路"建设吸引更多资本进入缅甸,加快其基础设施建设步伐,改善其落后的基础设施现状，为本国的经济快速发展提供支持，这也是导致中缅在投资领域存在不对称性的原因之一。

进言之，阻碍缅甸基础设施建设的不利因素主要有以下几个方面。

第一，政治转型及政权更迭的影响。政治转型与政权更迭导致缅甸国内政局长期处于不稳定状态，丧失了对外资的吸引力，本国政府也缺乏精力与长远规划来完善国内基础设施，这无疑给缅甸的基础设施建设带来较大的负面影响。近年来，缅甸民族矛盾及宗教冲突时有发生，许多纷争由来已久，且大都涉及社会政治的深层，在短时间内很难找到可行的方法来解决，导致即使现政府有深化改革、发展经济的强烈意愿，但迫于社会各方压力，也不得不时常改变政策，甚至不惜牺牲部分基础设施建设项目作为妥协，如中国投资承建的密松水电站项目被叫停、中缅"昆明－皎漂铁路"项目遭搁浅等，以换取稳定的国内大局。

第二，投资环境不够成熟，基础建设软硬件滞后。随着国家制度的民主化转型和西方对其制裁纷纷取消，缅甸一夜之间成为投资的一片"热土"。然而，缅甸经济基础薄弱，各方面硬件条件十分落后，距成熟的投资市场目标还很遥远。而缅甸在政府治理、法治建设、专业技术人才等软件方面也较为欠缺，加上财政赤字和高通胀长期困扰等，造成投资项目的收入面临多种风险。因此，外资对缅甸基础设施建设的作用在很长一段时间内均十分有限。

第三，国内融资条件相对较差，基础设施建设资金缺乏。缅甸金融管理体系长期封闭僵化，国内银行业不够完善，金融市场改革刚刚起步，私有资本进入基建行业有诸多限制，基础建设领域严重依赖外商直接投资（Foreign Direct Investment，FDI）。因此，基础建设项目的融资渠道少而窄，大型项目的融资更困难。同时，由于基础设施投资风险较高，不仅增加了项目境外融资的成本，也引发了贷款银行征收高昂利息的隐忧。

第四，政府欠缺实施大型基础项目的管控经验。在很长一段时间内，由于缅甸的土地所有权不明确、劳工保障制度不完善、政府在基建项目上的规划和运作透明度不够、拆迁赔偿及移民问题突出等，造成了有的民众对外国投资项目的认知有限，容易产生不满和抵触情绪，经常出现纠纷和抗议。如莱比塘铜矿、仰光工业园等外国投资的大型项目，都发生过当地居民示威抗议和工人罢工事件，而政府在处理这些纷争方面缺乏行之有效的方法。

缅甸在包括基础设施建设等领域的投资需求对我国而言，无疑既是机会，也是挑战，缅甸自身处理和解决好上述问题则成为其吸引海外资本参与本国经济建设的前提，这对中国倡议的“一带一路”建设在缅甸的顺利推动也尤为重要。

综上所述，缅甸的经济发展水平及技术水平难以支持其进行投资，而缅甸自身却因现实原因而存在强烈的外资引入需求，中国作为其近邻则在这方面具有得天独厚的条件、成为缅甸重要的外资引入对象，也给中国企业以更多的投资机会，有利于中国倡议的“一带一路”建设的顺利实施。但同时，缅甸巨大的投资市场也隐藏着巨大的投资风险，及时评估及事前化解这些风险则成为中国企业投资缅甸的先决条件。

四、中国对缅投资的必要性

尽管赴缅投资有潜在风险并存在一定障碍，但从战略角度看，在缅甸乐于开放本国市场以吸引外资的前提下，赴缅投资则极具战略意义，主要体现在以下几方面。

第一，重要的地缘位置。缅甸位于东亚、东南亚和南亚三个地区的交界处，北部与中国毗邻，西与印度、孟加拉国相接，东与老挝、泰国交界，西南面临近孟加拉湾和安达曼海，是中国进出孟加拉湾和印度洋的重要陆上通道。并且，缅甸是实现中国与东南亚、南亚地区互联互通的重要枢纽，“一带一路”建设更是绕不开处于节点位置的缅甸。缅甸重要的地缘位置决定了中国应该在缅甸的投资建设中发挥独特作用。

第二，独特的政治因素。保持良好可持续的中缅关系对中国的周边战略和国内和平发展大局都十分重要。在缅甸正大力开放本国市场、积极吸引海外资本参与本国经济建设的前提下，中国不应视而不见，中国企业也不应错失宝贵的“走出去”机会，丧失与缅甸保持长期、深入的睦邻友好关系的机会。

第三，富有潜力的巨大市场。缅甸作为东南亚面积第二大国家、中南半岛面积最大的国家，国土面积达 67 万多平方公里，目前人口 5400 万人左右，其经济结构属于农业社会，自其大力开展经济建设以来，其从农业社会逐步向工业社会转型已成必然，有巨大的经济发展前景。缅甸的自然资源丰富，且大多处于欠开发状态，境内富含锡、钨、锌、铝、锑、锰、金、银等资源型矿产，其宝石和玉石也负有盛名，资源价格尚处于较低水平，具有巨大的开发价值。缅甸富含石油和天然气，在传统化石能源日益紧缺、能源价格起伏不定的背景下，缅甸丰富的石油天然气无疑成为不可多得的资源。缅甸水力资源丰富，并多处于待开发状态，有极大的开发潜力与巨大的经济价值，这些无疑对海外资本都极具吸引力。①

鉴于此，就中国而言，特别是在建设"一带一路"背景下，鼓励投资者积极参与缅甸建设，并以此推进中缅关系的深入发展，便具有极其重要的战略意义。

五、中国企业了解缅甸投资法律制度的意义

任何投资都是有风险的，预先评估并控制好风险是投资的前提。赴缅投资存在一定的风险这也是不争的事实，其主要原因在于缅甸尚处于政治与经济转型的初期，各项制度尚不稳定，评估并最大限度地控制赴缅投资风险便成为中国企业的必修课。熟悉缅甸的政治制度、了解当地的文化习俗及风土人情，并在熟练把握缅甸的法律制度体系及司法救济体系前提下，及时评估相关项目的可行性与风险性便能最大限度地降低赴缅投资风险，在遭遇风险时也能够依法依规主张自己的权利。

事实上，长期以来，缅甸政府对吸引海外资本赴缅投资的态度是比较摇摆的：一方面，缅甸有强烈的发展经济的愿望，加强基础设施建设、改善现有的设备设施无疑成为缅甸政府的一项重要任务；另一方面，由于历史原因，缅甸政府对于引进外资却又相对保守与谨慎。而这种矛盾态度也或多或少在其政策及法律上有所体现。但这也并非一成不变的，为了促进本国经济的发展，缅甸政府对于外资的态度也发生了很大变化，而要了解这些变化投资者便须及时关注缅甸的政策及相关法律的颁布与修改。就中国投资者而言，赴缅投资前应先熟悉缅甸的法律法规及相关政策，及时洞察缅甸在政策与法律方面的变化，做好相关的投资决策，避免盲目投资，以免遭受损失。例如，历史上便有投资者因缅

① 参见缅甸事业部：《"一带一路"背景下中国投资缅甸的重要性、挑战及建议》，载正点国际网：www.qqfx.com.cn，最后访问日期：2020 年 4 月 28 日。

甸法律在投资主体方面的限制而借助缅甸人身份开展投资活动，此类投资不受彼时缅甸法律保护，导致因合作失败或与缅甸合作方产生利益纠纷而致投资者蒙受巨大损失的事件发生。[①] 这都意味着投资者在赴缅投资前熟悉缅甸法律制度，做好风险评估等工作十分必要。

而目前缅甸有关经济贸易方面的法律较多，新的法律还在不断颁布，涉及投资方面的法律主要有：[②]《投资法》《合同法》《公司法》《经济特区法》《联邦关税法》《商业税法修正案》《联邦矿业法》《联邦森林法》《联邦宝石法》等。[③] 对这些法律制度的了解与学习无疑成为中国投资者赴缅投资的必修课。

---

① 参见宋海燕：《浅析新时期国内投资者对缅投资的形势及进展》，载《时代金融》2016 年第 30 期。

② 为了行文方便，若无特别说明，本书所涉法律均指缅甸法律，不单独在法律名称前加“缅甸”。

③ 参见熊殷泉：《“一带一路”倡议构想背景下云南企业在缅甸、老挝、越南的投资法律状况》，载《法制与社会》2018 年第 1 期。

第二章 缅甸的投资环境

一、缅甸国家信息

缅甸，官方正式名称为缅甸联邦共和国，首都是内比都，陆地面积有261,228平方英里（676,577平方公里），海岸线长1759英里（2832公里），人口数量约5400万人，[①]地形分为三段，即东部丘陵、中部谷地和西部山地，主要河流有伊洛瓦底江、萨尔温江、锡当河和钦敦江，使用货币为缅元。

（一）地理条件

缅甸位于亚洲东南部、中南半岛西部，南临安达曼海，西南濒孟加拉湾，西北与印度和孟加拉国为邻，东南接泰国与老挝，东北靠中国。[②] 缅甸是东南亚地区陆地面积最大的国家，与中国、印度、泰国、老挝及孟加拉国毗邻。缅甸总土地面积高达261,228平方英里

---

① 根据缅甸投资委员会秘书机构缅甸投资和公司管理局官方网站数据2016~2017年度为5445万人，根据缅甸劳动、移民和人口部人口局数据为54,055,735人，由于统计技术及统计方法，缅甸实际人口数量可能超过统计数据。

② 参见杨家府：《影响中缅边境投资环境的主要因素》，载《中共云南省委党校学报》2013年第2期。

(676,577 平方公里),疆域从东到西延绵 582 英里(926 公里),从北到南延绵 1275 英里(2051 公里),海岸线长达 2832 公里。缅甸不但拥有丰富的矿产、天然气、淡水和海洋农产品等自然资源,还拥有大量的森林及未开发的耕地。缅甸一年主要分为三季,分别是 5 月至 10 月的雨季,11 月至次年 2 月的凉季以及 3 月至 5 月的热季。从中部到北部低温地区,平均温度变动范围在 21 ~ 32 度。

缅甸的气候类型为热带季风性气候,热带、亚热带气候几乎覆盖全境,国土的西、东、北三面群山环绕,阻挡了冬季风,而南部来自印度洋的暖湿气流却可畅通无阻。缅甸境内河网密布,森林资源十分丰富,森林覆盖率很高。缅甸的矿产资源丰富,种类繁多。值得一提的是,缅甸的宝石和玉石在世界上被广泛认可且有巨大市场。缅甸的石油与天然气分布于缅甸中部和沿海地区,其开采历史百年有余,其储藏量在亚洲也是十分可观的,具有很大的开采潜力。据缅甸劳动、移民和人口部人口局官方网站信息显示,2019 年缅甸人口约 5400 万人,缅甸有近 135 个民族,人数较多的有缅族、掸族、克伦族、若开族、孟族、克钦族等。华人华侨及后裔在缅甸有 250 万人左右,主要从事商贸业、服务业、加工制造业、农林牧渔业等。缅甸政府很重视发展教育,全民识字率为 92.7%,大学与学院达到 108 所,人力资源极其丰富。缅甸 85% 以上的民众信奉佛教,民风较淳朴。①

缅甸是中国西南地区的重要邻国,也是中缅陆水联运大通道的关键区域,与云南省的怒江州、保山市、德宏州、临沧市、普洱市、西双版纳州六州(市)山水相接(少部分与西藏接壤),村寨相连,经济相依,民族同根,文化同源。② 缅甸优越的地理条件为投资提供了良好的基础,其大面积的土地资源既可用来发展传统与现代农业如种植优质水稻或其他农作物,也可以用来修建工厂、厂房及商业设施,以便生产更多的产品以供国内消费及出口。此外,缅甸与中国和印度接壤的独特地理位置也是缅甸扩大贸易与投资的另一重大有利条件。

(二)经济条件

缅甸是东南亚陆地面积最大的国家,人口总数 5400 万人,其独特的地理位

---

① 参见宋海燕:《浅析新时期国内投资者对缅投资的形势及进展》,载《时代金融》2016 年第 30 期。

② 参见杨家府:《影响中缅边境投资环境的主要因素》,载《中共云南省委党校学报》2013 年第 2 期。

置与自然资源禀赋为其经济发展奠定了基础。从地理位置来看,外来商品途经孟加拉湾或安达曼海穿越缅甸国内便可直接进入中国、印度、东盟等国际市场。并且,缅甸所处的地理位置正好是东亚通向波斯湾的重要出口,是中国海上丝绸之路的重要驿站,在经济战略方面其重要性不可忽视。缅甸的经济性产品丰富,大米、玉米、橡胶、天然气、各种豆类、宝石、水产、珍珠等是缅甸的优势产品,其生产量较大,除满足本国市场外,主要用于出口。而缅甸的传统工业产品的生产则相对落后,诸如机械设备、动力燃料、五金、零配件、工业原料等产品都需要大量进口。缅甸的市场优势突出,其国内市场除了主要辐射东盟市场外,近年来,韩国、日本、印度等国都逐步扩大对缅甸的贸易与投资,欧美国家也陆续进入缅甸市场,以寻求合作机会。相较缅甸国内,这些国家从电信业、银行业到快餐业、日用品行业都有很大的竞争力。①

近年来,缅甸的经济发展速度较快,成绩喜人。尽管2016年缅甸的GDP增长率从2015年的7.3%下降到6.4%,2017年降到5.9%,但总体而言缅甸的经济增长速度是值得肯定的。据缅甸统计部门的统计数据,缅甸2017~2018财年(2017年4月1日至2018年3月31日)国内生产总值(GDP)增长率为6.8%,2018年为6.8%,2019年略有下降,降至6.5%。(见图1)

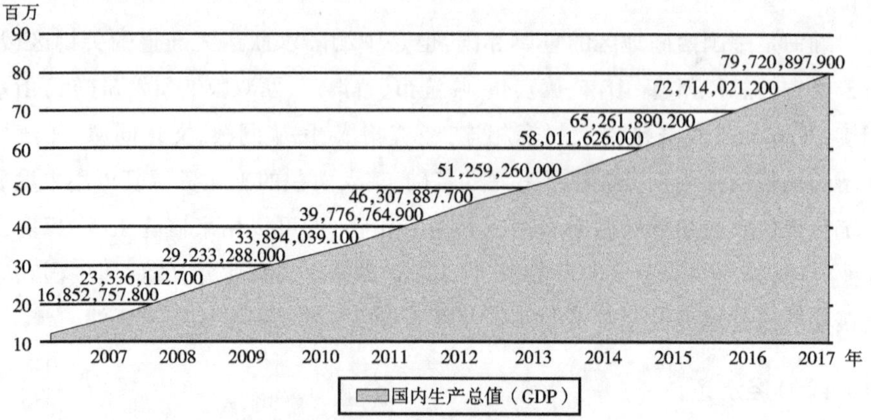

图1 2007~2017年缅甸国内生产总值

资料来源:中华人民共和国商务部亚洲司网:http://yzs.mofcom.gov.cn/article/ztxx/202001/20200102927353.shtml,最后访问日期:2020年3月11日。

① 参见宋海燕:《浅析新时期国内投资者对缅投资的形势及进展》,载《时代金融》2016年第30期。

在基础设施建设方面，由于数10年的国际孤立局面阻碍了其基础设施现代化建设步伐及相关基础设施网络的形成，目前，缅甸政府正准备通过下列投资来建设实体“道路”，通过加强基础设施建设而计划将缅甸打造成为亚洲的“十字路口”。

国内主要高速公路以及连接泰国（以哈帕和大威经济特区为起点）、中国（以曼德勒为起点）和印度（以曼德勒和卡拉丹为起点的多式联运项目）的跨国公路；在仰光（Ywarthargyi）附近和曼德勒（Myitng）附近建设更现代化的铁路网络及无水港设施；根据国家电气化计划，完善电力基础设施，扩大装机容量（2014年达到4422兆瓦），提高年产量（12,247千兆瓦），同时改善输电系统，预计到2030年将在偏远地区实现全面电气化；缅甸通过加入东盟经济共同体及中国－东盟自由贸易区（China and ASEAN Free Trade Area，CAFTA）逐步融入区域生产网络，并作为最不发达国家（Least Developed Country，LDC）在国际上享受特惠关税。缅甸已制定国家综合发展规划（National Comprehensive Development Plan，NCDP），根据国际最佳实践经验，在全国范围内确定可持续经济发展方向，以缓解贫困现状。

为吸引更多资本参与基础设施建设，缅甸拟加强“政府和社会资本合作”（Public-Private Partnership，PPP），通过私营部门的有效参与，加快改善基础设施等各项建设，并采用公开、透明的招标程序，提供低成本、高效率、现代化的公共服务。

缅甸的传统垄断行业也正在加大开放步伐，如电信、能源等。缅甸电信业、能源业正在从垄断转向开放市场，在其进行的首次竞标（如敏建、曼德勒地区的燃气发电厂）资料显示，缅甸政府正在为打造开放、透明的商业环境而做出努力。① 为加强对全球需求强烈的高潜力行业（如大米、纺织品和服装及旅游业）的贸易和投资，缅甸正在落实针对特定行业的国家出口战略（National Export Strategy，NES）。迄今为止缅甸已经达成了多项双边投资条约（Bilateral investment treaty，BIT）和其他国际投资协议（International Investment Agreements，IIAs），如缅甸已与印度、老挝、马来西亚、韩国、新加坡、泰国、英国、越南等国签订了避免

---

① See Directorate of Investment and Company Administration: “Why Invest in Myanmar”, accessed April 19, 2018, http://www.dica.gov.mm/en/why-invest-myanmar.

双重征税的协议。

在吸引海外投资方面,缅甸的三个沿海经济特区迪拉瓦港、皎漂港及土瓦皆享有特殊的投资优惠政策,这些政策将大大简化投资者的投资流程,3个特区将具备更符合国际标准的工业化设施,这些都成为缅甸新的"经济增长引擎"。并且,缅甸目前正不断促进兼具新(勃固、帕安、实兑、密支那及边境城市)、旧(仰光和曼德勒)发展节点的经济走廊的发展。(见表1)

表1 缅甸经济信息一览

贸易	
主要出口	天然气、服装、再出口糖、黑豆、玉石、稻米、绿豆、鱼、金属和矿石、玉米
主要进口	石油产品、车辆、机械和零件、钢铁建筑材料、钢铁材料、生塑料、棕榈油、摩托车、电话和通讯配件、制药
主要贸易伙伴	中国、泰国、新加坡、日本、印度、马来西亚、韩国、印尼、美国及越南
贸易量	
出口	125,237亿美元(2014~2015年度) 111,369亿美元(2015~2016年度) 119,516亿美元(2016~2017年度)
进口	166,326亿美元(2014~2015年度) 165,779亿美元(2015~2016年度) 172,111亿美元(2016~2017年度)
GDP	797亿缅元(2016~2017年度)
GDP增长率	5.9%(2016~2017年度)
通胀率	4.79%(2016~2017年度)

资料来源:投资与公司管理局。①

二、投资缅甸的风险与机遇

尽管缅甸具有良好的经济发展前景,但由于受殖民统治历史、政局不稳、经

① 参见[缅]缅甸投资委员会:《缅甸投资指南(2018)》,德信法律译,缅甸投资委员会出版社2018年版,第10页。

济停滞、文化冲突等多重因素的影响，目前缅甸的投资环境仍较复杂，中国企业赴缅投资面临一定的潜在风险，评估与控制这些风险对中国企业顺利投资、获得预期的经济回报至关重要。这些风险主要体现在以下方面，企业必须高度重视并加以规避，进而选择风险小、有潜力的项目进行投资。

自然与人文环境方面的风险：缅甸属于热带季风气候，整体上自然生态环境较好，但受全球气候变暖的影响，近年来，洪涝、干旱等自然灾害频繁，气候变化引发的灾难给相关产业或项目的投资带来风险。如农业、能源、矿产、水利等，这些产业或项目受自然环境的影响较大，一旦发生自然灾害，则可能引发严重后果。具体而言，缅甸有丰富的矿产资源、油气资源、水利资源、林业资源、农业资源，以及漫长海岸线所带来的丰富的渔业和海洋资源，还有丰富的可再生能源如生物质能、风能和太阳能等，自然资源开发潜力巨大。缅甸农业的现代化程度低、现代化农业设备设施落后，农业现代化潜力巨大，具备一定的投资前景。并且，近年来，缅甸政府大力提倡发展水力发电，水电业也成为外资直接投资的热门领域。缅甸拥有丰富的化石能源，加之政府的政策鼓励，缅甸的石油、天然气开发便受到外资青睐。随着缅甸国内进一步扩大开放，饭店、旅游业和普通制造业的需求也与日俱增，它们皆成为外国直接投资的热门领域。从投资角度来看，上述行业无疑具备较大的投资前景。

但同时，这些行业或多或少都涉及自然资源的开发利用，由此可能带来较为明显的生态环境破坏等并发性问题。而缅甸大部分自然资源都分布在少数民族聚居区，这些地区的民众地方意识较强、文化传统独特，当地人民对项目的认识意见不一，而缅甸少数民族聚居区的“民地武”势力较为强大，他们又特别重视地方利益的维护，多以一种较负面的眼光看待涉外经济合作项目，加之客观存在的文化差异，导致外国企业与地方“民地武”打交道存在一定困难，这些都给中国企业赴缅投资造成障碍。鉴于此，中国企业赴缅投资倘若涉及自然资源开发皆需审慎评估其潜在风险，仔细评估投资项目、谨慎选择投资地点、避免因风险考虑不足而可能导致损失，尽可能在投资前规避掉因自然或人文环境等因素可能引发的投资风险。

经济环境风险：首先，缅甸的基础设施落后，其电力供给缺口巨大，且道路、水运、铁路、航空交通较落后，交通运输能力仍需进一步提高，通信业欠发达；其次，缅甸的产业结构单一、落后，并以农业为主导，工业体系不健全、工业基础薄弱，其出口的商品多为初级原材料及自然资源类产品，整个国民经济体系较脆弱；再次，缅甸的技术人才短缺，劳动力受教育水平不够理想，技术培训及职业教育较为薄弱，产业发展方面其技术工人存在较明显的缺口；最后，由于其产业发展以农业为主导，金融业欠发达、金融基础设施较差，金融环境总体欠佳，币值不稳定并存在不断贬值的风险，金融监管不严、汇率不尽合理、外汇储备匮乏，这些都给投资者赴缅投资造成障碍，存在较大的投资风险。

当然，缅甸自实行改革开放政策以来，上述风险已经有所化解，缅甸政府通过大力引进外资，促进贸易和投资自由化，建立工业区和经济特区，加强与外国公司在油气资源等领域的合作，加大医疗、教育等基础设施建设，已经实现经济的快速增长，[①]其国内经济条件已经有所改善。并且，缅甸正努力实行统一汇率、推进货币和财政改革、放宽进出口限制等一系列的改革开放措施，促进经济平稳快速发展，为外国直接投资创造更有利的宏观经济环境。目前，外国对缅直接投资已经呈现良好的发展态势，投资规模稳步扩大，投资来源和投资领域更加多元化，投资风险有所化解。另外，自 2018 年年底开始，缅甸对中国倡议的“一带一路”和“孟中印缅经济走廊”规划的态度已经发生积极改变，“一带一路”倡议为中缅双方进一步加强贸易与投资领域的合作带来新的契机，[②]缅甸政府也正努力着手扫除阻碍外资进入的障碍。因此，中国企业在评估缅甸投资领域的经济环境风险时也应综合考虑缅甸投资市场发出的上述积极信号。

政治环境风险：缅甸民族众多，国土面积广大，民族矛盾较突出，局部军事冲突频发，导致国内政局不太稳定，提高了外国投资者对缅甸直接投资的风险。缅甸是一个多民族国家，其国内有 135 个民族，主要有缅、克钦、克耶等民族，历史积存的民族问题、国内分歧等皆对缅甸政局的稳定形成冲击。就中国企业赴缅投资而言，近年来，缅甸国内针对华人的恶性事件也时有发生。单就投资项目而言，中国投资缅甸的多个项目遭遇违约，表明中国在缅直接投资存在一定的政治风险。例如，2011 年中缅密松水电站工程、莱比塘铜矿项目等一度被缅甸政府叫停；2010 年中缅签署的高速铁路计划也于 2014 年搁浅。上述事件的

---

① 参见杨芳芳：《外国对缅甸直接投资研究》，云南大学国际贸易系 2015 年硕士学位论文，第 31 页。

② 参见宋涛：《中国对缅甸直接投资的发展特征及趋势研究》，载《世界地理研究》2016 年第 4 期。

发生意味着缅甸国内存在一定的排华思潮，其已经影响了缅甸政府的决策，给中国投资者赴缅投资特别是大型项目的投资增加了不确定性。鉴于此，中国企业在选择赴缅投资时必须充分考量缅甸的政治环境风险，仔细研究拟投资目的地民众及政府的对华态度，谨慎选择投资地区与投资领域，防患于未然。①

当然，从长远来看，缅甸优越的地理位置、潜在的巨大市场及良好的经济发展前景却是中国企业不能忽视的，在重视风险的同时也应看到缅甸投资市场的机遇。换言之，赴缅投资除了上述风险外，也存在以下机遇。

缅甸的投资政策越来越趋于开放，其投资法律制度逐步完善，对外资的优惠力度逐渐加大，投资开放的领域大幅度增加，许多领域都具有较强的投资价值，投资前景相对乐观。随着缅甸改革开放的进一步深入，缅甸的投资法律制度也得到了进一步完善。同时，缅甸也开始在政策方面提高投资优惠幅度，并采取多元化的对外合作形式来吸引境外投资者。2012 年 11 月，缅甸颁布新的《外国投资法》，并于 2016 年与《国民投资法》合并为《投资法》，给予外国投资者以国民待遇。根据该法，国内资金可以通过涉外银行汇往国外；允许投资者拥有最长 70 年的土地使用年限；对于符合投资鼓励范围的行业，投资者有权申请税收减免。与该法相配套的 2017 年第 13 号通知则进一步明确了鼓励投资的领域，包括农业及其相关服务（烟草的种植与生产除外）、人造林、环保林及其他林业业务、畜牧养殖、渔业养殖与生产及其相关服务等 20 类。2017 年 12 月缅甸又颁布了新《公司法》，取代适用了百余年的 1914 年《公司法》，新法对外国公司的定义发生了变化，赋予外国投资者通过收购、兼并、控股参股、转让经营权等方式参与缅甸特定行业的机会。并且，缅甸对外资的进入实行差异化、分区域政策支持，政府划定外资引入的重点区域，包括政府认定的重要区域和欠发达区域，率先并重点支持在该区域内的投资，对该区域内的投资给予更大的政策性优惠。由于国土面积大、民族众多、各地文化及风俗习惯差异较大、地理环境复杂多样，各地经济发展水平及开放程度不一，对引入外资极为不利，这便促使缅甸政府推出政策实行分区域的差异化发展，既有利于外资的引入，也可因此由点带面地分区域分步骤的发展。此即重点区域率先开放、重点发展，国家对重点区域采取差异化管理，政策方面也向这些区域倾斜，以此带动其他地

① 参见宋建丹、王国梁：《缅甸投资环境风险分析》，载《城市地理》2017 年第 2 期。

区的发展。

具体而言:一方面,缅甸全国有135个民族,100多种民族语言,由于长期以来中央与地方分权,部分地区存在民族矛盾和地区分裂势力;另一方面,2014年1月,缅甸修订出台了新的《经济特区法》,逐步推动经济特区的建设,目前由日本主导的"迪洛瓦经济特区"初见成效,"土瓦经济特区"及"皎漂经济特区"也在稳步推进。同时,缅甸木姐中央经济区等中缅边境的边境合作区和口岸开放也获得了新进展。① 相较于缅甸其他地区,上述区域具有明显的优于其他地区的投资机会,其投资环境获得国家政策的大力支持及投资专门法的特别保障,投资政策相对明朗,相较经济特区以外的其他地区,其投资环境更稳定,无疑具有更明显的投资机会。鉴于此,中国企业可考虑避开缅甸政治经济环境相对不稳定区域,积极参与上述重点区域的建设,即在对缅投资时应重点聚焦政府支持、投资机会大、投资风险小的地区。

并且,缅甸对外资开放的领域逐步扩大,允许外资进入的范围更广泛,众多领域属于缅甸的优势行业,具有良好的投资前景和投资回报预期。具体而言,缅甸政府目前吸引外资的重点领域是以资源为基础的投资项目、出口项目,以及以出口为导向的劳动密集型产业项目,其允许外资参与的领域包括农业、林业、矿业、能源、制造业、建筑业、交通运输业和贸易等,这些行业对外资都具有较强的吸引力。在实践中,缅甸引进外资的重大项目大多采取建设－经营－转让(build-operate-transfer,BOT)形式,外资获得缅甸政府批准并实施项目建设,在项目建设及营运期满后,移交缅甸业主,尽管也存在商业风险,但有政府信用作担保,其收益还是较可靠,容易实现投资双方的合作共赢。例如,中国在缅甸的水电投资项目大多采取了这种方式,期限一般为30年左右。同时,根据《投资法》,取得缅甸投资委员会(Myanmar Investment Commission,MIC)投资许可的外国投资者,可以取得土地的长期使用权,第一次土地使用权最长可至50年,并可以延期两个10年。上述吸引外资措施及外资开放领域无疑对外国资本以及寻找机会走出去的中国企业颇具吸引力。

可见,赴缅投资既有风险,也有机会,在审慎评估投资风险前提下,赴缅投

① 参见宋涛:《中国对缅甸直接投资的发展特征及趋势研究》,载《世界地理研究》2016年第4期。

资的机会还是颇具吸引力的。对于急于寻找海外投资机会的中国企业来讲,在缅甸积极参与中国"一带一路"倡议的大背景下,总体而言赴缅投资的机会还是大于风险的,缅甸投资前景值得重视。而从国家角度看,中国企业赴缅投资是"一带一路"倡议的重要组成部分。然而,一段时期以来,中国企业赴缅投资领域单一,主要集中在资源性行业如油气、电力、矿产等方面,容易被误解,加之中资企业对外投资经验不足及境外媒体的刻意渲染,有的缅甸民众对中国投资并不友好,对赴缅企业在缅长期稳定的发展形成一定影响。

鉴于此,在充分评估投资缅甸的风险的同时,中国企业应以更开放和长远的目光寻找投资机会、扩大投资范围。而根据近年的缅甸国家经济发展战略,缅甸对外开放的领域进一步扩大,已经延伸到基础设施、农业、制造业、旅游业、物流业等非资源性行业,这些行业与缅甸的民生息息相关,有稳定的发展前景,对中国企业来讲也意味着难得的投资机会。因此,中国企业除继续深耕资源型领域的投资外,应进一步抓住新的投资机会,拓展赴缅投资范围、扩大投资领域。例如,中国企业可将投资目光更多聚焦于缅甸的农业、采掘业、基础设施、制造业等极具投资潜力的领域,并可围绕基础设施、产业发展与经贸合作、人文交流、水资源开发与生态环境保护等中缅优先合作领域和重点项目进行投资。① 并且,缅甸的建筑业也具有巨大的投资潜力,该行业属于民生改善型行业,尚未成为外资流入的主要领域,投资潜力巨大;同时,依附于建筑业的其他附属行业也具有较大的投资机会。其整个建筑产业的估值可观,发展潜力巨大,而与建筑相关的领域皆为中国企业的优势领域,中国企业竞争力强、投资经验丰富。除上述领域外,中国企业还可及时关注缅甸在投资准入方面的新变化,适时将投资范围拓展到诸如教育、文化、卫生、宗教、环保等领域,以实现赴缅投资的多元化,树立良好的中国企业形象。②

总之,尽管赴缅投资具有诸多不确定性,客观存在多种风险,但其所蕴藏的投资机会也十分巨大。中国企业在做好充分的风险评估前提下,应进一步拓展投资范围,并密切关注缅甸在投资领域的政策与法律的新变化,加强风险防范

---

① 参见肖丹:《中国企业投资缅甸的现状及遇到的问题》,暨南大学法学系 2014 年硕士学位论文,第 32 页。

② 参见宋涛:《中国对缅甸直接投资的发展特征及趋势研究》,载《世界地理研究》2016 年第 4 期。

意识，吸取投资失败教训，积极与缅甸各方开展沟通交流，把风险隐患消灭在萌芽之中。同时，中国企业还应加强与缅方的文化交流，了解缅甸的商务实践和习惯，尊重对方的行为方式，并积极履行企业的社会责任，积极参与当地社会的经济、文化建设，做到广交朋友、深交朋友，做好企业的本土化工作，真正使企业及员工融入缅甸的经济、社会和文化中去，与缅方形成真正的命运共同体及利益共同体，加强投资双方的文化认同感，以此化解潜在的投资风险。与此同时，企业还应在遵守缅甸法律、法规的前提下，学会与缅甸政府及官员的交流与沟通，建立良性的交往关系，增加双方的互信，以此获取对方的信任。①

三、法律制度

缅甸有独特的法律传统，其独特之处在于其法律制度深受普通法系影响，但同时又与大陆法系巧妙结合。普通法系的基本原则早已根植于缅甸的成文法中，并经立法机关颁布，成为缅甸联邦共和国的本土法律。但由于缅甸法律的效力须通过立法才得以发挥，因此，可以认为缅甸的法律制度虽然是普通法系与大陆法系有机结合的产物，但却隶属于普通法系。② 缅甸主要的法律包括《宪法》《公民法》《合同法》《财产转让法》《不动产转让限制法》《民事诉讼法》等。③

（一）法律渊源

缅甸法律的主要渊源如下：

（1）处理结婚和离婚、收养、继承、遗嘱继承、法定继承、财产转让、宗教习俗或制度等个人法律问题的习惯法；

（2）英国普通法；

（3）法律；

---

① 参见雷著宁、孔志坚：《中国企业投资缅甸的风险分析与防范》，载《亚非纵横》2014 年第 4 期。

② Tun Shin, *Why Invest in Myanmar*? And other Notable Legal Articles, Wisdom House Publishing, 1st Edition, 2013, p. 76.

③ 参见国家开发银行编著：《“一带一路”国家法律风险报告（上）》，法律出版社 2016 年版，第 310 页。

(4)司法裁决。[①]

(二)立法体系

根据缅甸《宪法》(2008年)第96条,联邦议会有权根据联邦立法清单附表一规定的事项,制定联邦全部或任何一部分法律。根据缅甸《宪法》第98条,联邦、地方或州、自治部门领导机关或自治区领导机关立法范围外的其他立法权,由联邦议会享有。

根据缅甸《宪法》第188条,省邦议会有权就附表二省邦立法清单内事项,制定适用省邦全部或部分区域的法律。但是,省邦议会制定的任何法律都必须符合"宪法"和相关的联邦法律的规定。

自治地区或自治区领导机关制定与附表三所列事宜有关的法律。

(三)司法体系

根据2008年《宪法》第293条、2010年《联邦司法法》及2010年《第20号联邦判例法》之规定,联邦法院的构成如下:

(1)联邦最高法院,省邦高等法院,县、自治州、自治县法院,镇区法院及依法成立的其他法院;

(2)军事法院;

(3)联邦宪法法院。

就民商事案件而言,法院管辖权主要依据案件性质、所涉地域、涉案范围、争议金额大小等加以确定。总体来看,最高法院为国家最高司法机关,享有特定案件如海事案件等的初审管辖权。高级法院对初审民事案件享有无诉讼金额限制的管辖权。

(四)联邦最高法院

依据缅甸《宪法》,在不违反军事法院和联邦宪法法院管辖权的情况下,联邦最高法院是缅甸联邦共和国最高级别的法院。[②]

---

① 参见[缅]朗因坎:《缅甸法律和司法制度介绍》,缅甸法律工作文件系列第0001号,仰光大学。

② 2010年《联邦司法法》第8条。

联邦最高法院对下述案件享有初审管辖权：

(1)因联邦缔结双边条约产生的纠纷；

(2)除宪政问题外，联邦政府与省邦政府之间的其他纠纷；

(3)除宪政问题外，各省之间、各邦之间、省邦之间、联邦与省邦之间的纠纷；

(4)在国际领水或领空实施的海盗行为，在陆地或国际领水、领空范围内所实施的其他违反国际法的犯罪行为；

(5)法律规定的其他案件。

依据宪法或任何其他法律之规定，联邦最高法院对其初审以及省或邦高院、其他法院依法作出的判决、法令或裁定的上诉案件，享有管辖权。

联邦最高法院对其他法院作出的判决或裁定具有依法改判的权利，对适用死刑及死刑上诉案件享有管辖权。

此外，联邦最高法院有权决定将案件移交自身管辖，有权在法院之间转移管辖。①《宪法》第 16 条对最高院签发令状的权利进行了规定。

联邦最高法院对所有案件作出的判决均为最终的、决定性的，不得再对此提出上诉。但对于联邦最高法院在行使初审管辖权时所作的判决、法令或裁定的案件，有权提起上诉，以确保《宪法》第 19 条第 3 款规定的上诉权。

联邦最高法院在行使其原管辖权或上诉管辖权或依照程序修正管辖权时所通过的最后和结论性判决、法令或命令，可允许特别上诉，对联邦最高法院在行使初审管辖权、上诉管辖权或改判权时作出的判决、法令或裁定可通过相关程序提出特别上诉(Special appeal)。②

除由特别上诉法院或合议庭裁定的案件外，如首席法官为了维护公共利益，认为联邦最高法院裁定的案件存在问题，针对该问题有权向特别上诉法院或合议庭提出再审。

联邦最高法院在行使其管辖权时，可以指派一个或多个法官进行裁量。

作为联邦级别最高的法院，联邦最高法院也是缅甸联邦的终审法院。联邦最高法院首席法官作出的判决是终局的、决定性的判决，不得对此提出上诉。③

---

① 2010 年《联邦司法法》第 11 ~ 14 条。

② 2010 年《联邦司法法》第 18 条。

③ 2010 年《联邦司法法》第 20 ~ 22 条。

（五）省邦高等法院

根据《宪法》，省邦高等法院对一审案件、区域性案件、上诉案件、改判案件及法律规定的其他案件享有管辖权。

省邦高等法院对县、自治州、自治县法院所作出的判决、法令及裁定享有上诉管辖权，有权依法对判决、裁定进行改判。

省邦高等法院对下述案件享有管辖权：

（1）在其所在的省或邦范围内，有权决定将案件移交自身管辖；

（2）在其所在的省或邦范围内，有权在法院之间转移管辖；①

涉及民事初审管辖权的案件，没有标的额限制。②

（六）县、自治州、自治县法院

根据《宪法》，县、自治州、自治县法院对初审刑事案件、初审民事案件及法律规定的其他案件依法享有管辖权。

县、自治州、自治县法院对乡镇法院及法律规定的其他法院所作出的判决、法令及裁定依法享有管辖权，有权依法对判决、裁定进行改判。

县、自治州、自治县法院对下述案件享有管辖权：

（1）有权自行决定其所在县、自治州或自治县的案件管辖权；

（2）在其所在县、自治州或自治县范围内，有权转移管辖。

根据《民事诉讼法》之规定，县、自治州或自治县法院享有审理初审民事案件、民事上诉案件及进行司法改判的权利。有权作为初审法院审理、裁决重大刑事及民事案件。

县法院法官有权审理标的额小于100亿缅元的初审案件。

县法院助理法官有权审理标的额小于50亿缅元的初审案件。③

（七）镇区法院及其他法院

根据《宪法》，镇区法院对初审刑事案件、初审民事案件及法律规定的其他

---

① 2010年《联邦司法法》第38～40条。

② 2016年联邦最高院第128号法令。

③ 2016年联邦最高院第128号法令。

案件,依法享有管辖权。①

镇区法院法官有权审理标的额小于1000万缅元的案件。

增补镇区法院法官有权审理标的额小于1000万缅元的案件。

代理镇区法院法官有权审理标的额小于300万缅元的案件。②

法律规定的其他法院有权依据法律规定审理相应案件。③

(八)宪法法院

缅甸设立宪法法院,总统、人民院主席、民族院主席各推荐3人共计9人组成宪法法院,并从9人中推选1人担任宪法法院院长,并提交联邦议会审议通过。宪法法院负责对宪法条文进行解释,审查联邦议会、省和邦议会制定的法律是否与宪法抵触,审查联邦、省和邦以及自治地方政府的施政是否与宪法抵触,对联邦与省之间、联邦与邦之间、各省之间、各邦之间、省、邦与自治地区之间、各自治地区之间出现的有关宪法方面的争议进行仲裁,履行宪法所赋予的其他职责。④

---

① 2010年《联邦司法法》第56条。

② 2010年联邦最高院第128号法令。

③ 2010年《联邦司法法》第57条。

④ 参见一带一路沿线国家法律风险防范指引系列丛书编委会:《一带一路沿线国家法律风险防范指引(缅甸)》,经济科学出版社2016年版,第231页。

第三章　缅甸外资准入

海外投资须做好风险评估与风险控制，了解东道国相关投资制度便十分必要。缅甸的投资制度有其特点，其对外国资本投资缅甸市场也有专门的定位与规定，并形成了自身的一套涉外投资制度，由相关政策、法律、法规组成，并不断加以调整与补充。本章在厘清投资相关概念的基础上着重介绍缅甸涉外投资制度的基本政策、法律规定，以期对中国投资者赴缅投资的相关决策提供参考。

一、外国直接投资

与世界上大多数国家相同，缅甸涉外投资制度关于“投资”概念主要局限于“直接投资”，间接投资一般未包含在其涉外投资制度中。尽管从相关政策与法律中难以获得有关“投资”的准确定义，但从相关法律关于投资具体内容的规定不难看出，“投资”这一概念仅仅限于直接投资，如《投资法》第40条规定投资包括：

(a)企业；

(b)动产、不动产和相关财产权益、现金、质权、抵押权和留置权、机械、设备、零部件和相关器械；

(c)公司的股权、股票和公司债券；

(d)依现行法律拥有的知识产权，包括技术诀窍、专利、工业设计和商标；

(e)金钱债权和具有经济价值的合同履行义务；

(f)收惠分成协议和包括总承包(turnkey)在内的合同下生产、管理和建设的权利；

(g)依相关法律或合同授权可转让的权利，包括自然资源的勘探、勘查和开采权。

外国直接投资，又称私人直接投资，是以获得经营权、管理权为特征的投资，如以实际兴办企业等方式实现国与国之间的资源转移。更确切地说，外国直接投资是外国资本为了获得长期利润，以控制企业经营管理权为核心，对另一国家的产业部门所进行的投资。依据国际货币基金组织的规定，拥有表决权的股份不少于25%即可视为直接投资。外国直接投资的资本结构可以是股份资金、设备等有形资产，也可以是专利权、专有技术或其他权利投资等无形资产。外国直接投资可以采取多种形式，如合资经营、合作经营、独资经营、合作开发(海上、陆上石油合作勘探开发)、外资金融机构、BOT等投资方式、跨国公司投资等。

从传统来看，国际直接投资的主要输出者和接受者一直都是发达国家。长期以来，发展中国家在资本输出方面不占优势，而在资本输入方面也缺乏足够的吸引力。据联合国贸发会议的数据统计，直到21世纪初发达国家还占据国际直接投资输入额的70%以上，而发展中国家吸引的外国直接投资占国际直接投资总额的比重却不到30%。但随着发展中国家对外开放步伐的加大、南南联合与南北联合的不断加强、地区经济的不断发展，这一现状也在发生改变。发展中国家本国的投资机会越来越多、投资风险不断降低、可预期的投资收益更明确，其对国际资本的吸引力也越来越大，所吸引的外国资本也不断增加，世界性的投资格局也正经历新的变化。

就缅甸而言，曾经数10年的被封锁历史使其在资本输出与输入方面皆不占优势，既没有足够的经济实力实施资本输出，也没有足够的投资吸引力吸引外国直接投资。但随着缅甸政治民主化进程的加快、对外开放步伐的加大，这一现象也正在发生变化。据缅甸投资与公司管理局官方统计，2017～2018财政年度，缅甸批准外国直接投资额达57.18亿美元，2018～2019财政年度(包括过度财年,截至 2019 年 9 月 30 日)批准外国直接投资额总计 59.23 亿美元。其中,外资投资制造业、交通通信、房地产等行业逐渐增加,已超过传统投资领域的油气、矿业等。大多数投资者来自新加坡、中国(包括中国香港特别行政区)、日本、新西兰等。①

尽管外国直接投资对发展中国家的影响是双面的,但缅甸作为发展中国家之一,在面临强大的经济发展压力的现实环境下,其对外资的渴求是显而易见的,外资对其经济发展的重要性不言而喻,外国直接投资,尤其是来自邻国中国投资者的投资不仅可以促进缅甸的资本形成和经济增长,还将成为缅甸获取国际资金的主要来源。为了提高生产率,外国直接投资企业常常会向东道国转移技术,并在生产经营过程中为东道国培养一批管理人员和熟练劳动者,这不但给缅甸的劳动者增加了就业机会,还增强了缅甸国内市场的竞争力、提高了资源配置效率。② 因此,外国直接投资企业的生产经营活动不仅能够增加缅甸的税收和出口收入,还有利于缅甸引进先进的科学技术、管理经验和生产技能。

二、投资政策与法律依据

近年来,缅甸在贸易与投资方面皆出台系列优惠政策,出台并修订相关法律,完善管理程序,期望以此尽早实现政府设计的一系列引进外资、促进及扩大出口的政策目标。仅就投资而言,这些政策及法律设计的基本宗旨是强化对投资需求量大、技术投入要求高的自然资源的优先开发;同时,扶植、新建更多能耗少、能够促进区域经济发展并能增加就业的其他产业。

缅甸政府在其吸引外国投资的政策文件中清晰表述了其引入外国资本的政策性思路:政府深刻认识到要实现本国的经济和社会发展目标,必须创造一个良好的投资环境,而这一投资环境必须能够确保人民的生命和财产安全,同时,还须彰显缅甸政府对实现善治、透明、问责的政策机制和管理机制的承诺,尊重合同义务的神圣性以及吸引外国投资的强烈愿望。

---

① 资料来源:缅甸投资与公司管理局:https://www.dica.gov.mm/en/data-and-statistics,最后访问日期:2020 年 5 月 10 日。

② 参见刘海藩总编:《现代领导百科全书·经济与管理卷》,中共中央党校出版社 2008 年版,第 301～303 页。

为实现这一目标，缅甸政府决定：在坚持对外开放政策的同时，加大力度吸引外资，同时，辅之以《投资法》作保障，将对投资的优惠及相关法律程序在新法中进行明确的规定。这些政策及法律在促进并保护外国投资的同时，势必也会对缅甸经济发展起到重要的支撑作用。在相关政策性文件中缅甸政府表示：欢迎负责任并秉持互惠互利理念的投资者前来投资，缅甸投资委员会及相关政府机构有信心通过透明、清晰且便利、迅速的投资程序，促进外国投资的顺利进行，并努力营造一个适于投资的良好社会大环境，包括稳定的宏观经济环境、完善的法律制度、可靠的争端解决机制、值得信赖的金融体系等。可见，缅甸政府在政策方面给予了外商投资大力支持，以期为所有投资者创建一个理想的适于投资的经济基础设施和良好的投资环境，促进本国经济的发展。

并且，缅甸政府公开表示，为了维持投资政策的稳定性，政府认识到有必要借鉴东盟实践经验而出台系列统一的法律，通过透明、公平、非歧视性法律体系鼓励私营企业者参与本国投资，该法律制度体系能体现缅甸联邦共和国承诺参与建立东盟经济共同体的诚意，以此促进缅甸经济发展。

为实现上述承诺，2016 年 10 月 18 日缅甸正式颁布了《投资法》，法律规定将严格按照国际标准和国际通行做法，促进生产项目多样化，并为国内外投资者提供一系列基本、可行的权利保障措施，以此确保投资者及其投资能够安全、透明、公平，从而更好地促进联邦环境及社会经济的可持续发展。并且，缅甸政府还致力于修改、完善有关投资活动的其他关键性法律，如 1914 年《公司法》，该法可追溯到缅甸殖民时期，以该法为代表的旧法已经不能满足现代开放型社会的经济发展要求，也不符合国际通行的标准，因此需要修改。2017 年 12 月 6 日缅甸颁布新《公司法》，新法已于 2018 年 8 月 1 日正式生效。在缅甸促进外国投资的国家政策及《投资法》《公司法》颁布并实施的影响下，缅甸吸引外国投资已经进入了一个新阶段，对广大潜在的赴缅投资者而言无疑是好消息。

2018 年 4 月 11 日，缅甸仰光区域投资委员会（Yanggon Region Investment Committee，YRIC）召开的 2018 年第六次会议宣布，截至 2018 年 4 月，YRIC 已批准了来自 8 个国家的 49 个制造业项目及其他服务业项目，总投资额约 7660 万美元，预计将提供 22,022 个就业岗位。并且，自 2016 年《投资法》实施以来，缅甸外国投资的审批手续得到进一步的放松与简化，如除《投资法》第 36 条规定的情形外，投资者可以选择投资认可（Endorsement），而非必须取得投资许可

(Permit),投资认可获取的流程、难度、时间相对投资许可,均降低或缩短;缅甸投资委员会2017年第11号通知将总投资额在500万美元以下或60亿缅元以下的项目审批下放至各省、邦区域投资委员会进行。①

三、投资形式

依据2016年《投资法》,外国投资者可以独资或合资的形式进行投资。除某些限制性行业外,国内外所有投资者均可在联邦任何经济领域进行合法投资。缅甸投资委员会于2017年4月10日出台的2017年第15号通知形式列举了"缅甸限制性投资项目清单",该清单将缅甸投资的行业分为四类:只允许联邦进行投资的行业、禁止外商投资的行业、需要以合资形式进行投资的行业、需要经相关部委批准才能进行投资的行业。除该清单所列举的限制投资项目外,原则上,外国投资者可以外商独资的形式进行投资。

从15号通知规定的表述来看,其不允许外国投资者从事的行业有两大类,包括只允许联邦进行投资的行业和禁止外商投资的行业,共计21个行业(类),主要集中在武器、军队服务、邮政、电力系统控制等关系到国家安全、资源安全等行业,其他行业对于外商投资还是持开放和鼓励的态度(尽管出于保护本国产业和监管的角度,会要求合资或者审批)。除法律禁止或者对形式/程序进行要求的行业外,外国投资者有权自由选择投资方式。但是,因为境外投资需要综合考虑所在国国情、社情、行业规则等因素,因此,外国投资者需要结合自身优势,并参考缅甸相关的投资法律,以最有利于实现自己的投资目标为首要考量,择优选择投资形式,以确保自己的投资目标能够顺利实现。

四、公司类型

《公司法》(Myanmar Companies Law, Pyidaungsu Hluttaw Law, No. 29/2017)(以下简称新《公司法》)自2014年开始起草,历经3年多的意见征集、专

① 参见缅甸投资研究中心(中国):《仰光区域投资委员会(YRIC)公布批准项目数据》,载缅甸投资研究中心:http://mp.weixin.qq.com/s/-hkGVsZZVr4K1puKyA_W5w,最后访问日期:2020年4月28日。

家评议及政府、议会审议等立法环节，最终由前总统吴廷觉于2017年12月6日签字公布。2018年6月21日，总统办公室发布48/2018号通知，宣布新《公司法》于2018年8月1日正式生效和实施。

新《公司法》第2章对公司设立相关问题进行了规定，主要包括公司类型、设立和登记条件等。其中，可以设立及注册的公司(或实体)类型包括：

(1)可以在缅甸设立及注册的实体包括：股份责任有限公司(包括股东人数在50人之内的私人公司和股东人数不限的公众公司)、担保责任有限公司(如非营利性组织)、无限责任公司；

(2)其他可以根据公司法登记的主体包括：商业协会、海外公司(如果在缅甸从事业务，应当在缅甸投资和公司管理局登记)、其他依本法或现行的法律注册为公司的法人实体、联邦部长特许的实体。

有限责任公司

有限责任公司是与无限责任公司相对应的概念，包括私人股份有限责任公司(private company limited by shares，类似中国法概念下的有限责任公司)、公众股份有限责任公司(public company limited by shares，类似中国法概念下的股份有限责任公司)、担保有限责任公司、合资公司。其中，外国投资者在缅甸设立的公司形式以私人有限责任公司为主，私人有限责任公司的章程需要注意：

(1)应以“Limited”或“Ltd.”置于公司名称后；

(2)公司股东的责任为有限责任；

(3)该公司拟发行的股份类别及该等股份的货币单位；

(4)股份的初始认购人及其后的任何认购人应至少持有一股股份；

(5)需要遵守相关监管部门的要求。

无论是1914年《公司法》，还是2017年《公司法》，对公司注册的最低资本均没有限制。但是，在1914年《公司法》实施的过程中，针对外国公司，缅甸投资和公司管理局规定服务型的公司的初始资本(Initial Capital)要求为5万美元；经缅甸投资委员会许可的公司，初始资本为15万美元。根据缅甸投资和公司管理局的文件，新公司法下公司注册没有最低资本限制，且该条并未区分外国公司和本地公司。但是，在公司注册的实践中，一些公司登记官员仍会要求在填写资本时，按照1914年《公司法》下外国公司的初始资本的要求填写。

同时，1914年《公司法》下公司注册，缅甸投资和公司管理会要求申请人提供银行贷记通知书(Credit Advice),相当于中国以前的验资证明,而在新《公司法》下,虽然一些公司登记官会要求按最低资本填写资本情况,但是无须提供银行贷记通知书。这对于一些在短期内资本金汇出存在障碍的公司,无疑是有利的。

海外公司

新《公司法》新增了海外公司(Overseas Company)概念,其第43~56条,明确了海外公司的地位,如果海外公司拟在缅甸从事业务,无须另行成立公司,但应当根据新公司法在公司管理机关进行登记。

海外公司或其他法人若仅进行以下行为,不需要在缅甸设立公司或登记为海外公司。这些行为包括:

(1)作为诉讼或法定程序一方之一;

(2)举行股东或董事会议,或其他内部事务之管理;

(3)持有银行账户;

(4)通过第三方售卖财产;

(5)在缅推广业务,取得订单,在境外接受该订单;

(6)贷出款项、创设债务、取得担保;

(7)确保、收取、执行债务;

(8)30日内完成之单次交易;

(9)投资或持有财产。

海外公司的概念包含了1914年《公司法》下分公司和代表处的概念,即2018年8月1日已经注册的公司在重新登记时应当登记为海外公司,2018年8月1日后拟采取分公司或代表处形式设立机构的投资者,应当选择海外公司的注册形式。

合资公司

有意在缅甸进行投资的外国投资者也可与缅甸合作伙伴(包括个人、私人公司、合作社或国有企业)以合资的形式进行投资。依据《投资法》,外国投资者须注意,有些领域内只能以合资的形式与缅甸企业或公民进行投资。根据《投资法》相关规定,除相关通知中明示的情况外,缅甸公民投资者在合资企业中的最低直接持股比例不得低于20%。[①]

---

① 参见《投资法实施细则》第22条。

五、禁止性投资项目

中国投资者去缅甸投资须注意投资项目在缅甸是有要求的:如果项目对环境有极大的损害或者影响缅甸种族文化的,该项目便属于禁止在缅甸投资的项目;此外,还有部分经济活动仅能由政府进行,这些都需要投资者在进行投资活动前加以注意。

依据《投资法》,任何人均不得对禁止投资项目进行投资。依据该法,下列投资项目被视为禁止投项目:

(1)将产生危险或有毒废弃物,将给缅甸联邦造成污染的;

(2)尚在国外进行测试且未获得使用许可的技术、药物、植物和动物、仪器设备;

(3)影响缅甸种族文化传统和习俗的;

(4)给自然环境及生态系统造成重大破坏的;以及,

(5)法律禁止投资的其他产品及服务。

此外,缅甸投资委员会根据政府批准,可以不定时出台禁止投资项目的通知。

六、限制性投资项目

缅甸联邦政府有权决定在某些经济领域对外国直接投资进行一定的限制。依据2016年《投资法》,主要有如下4类限制性投资项目:

(1)仅允许由政府进行的投资项目;

(2)禁止外国投资者投资的项目;

(3)仅能与缅甸企业或公民以合资的形式进行的投资项目;

(4)经相关部门许可才能投资的投资项目。

缅甸投资委员会于2017年发布了与此类限制性投资项目相配套的通知。该通知明确将限制性投资项目进行了列举式规定。通知结构及基本内容如下:

第一部分,列举了9个仅允许政府投资的项目。此类国营项目禁止任何国内外投资者进行投资。(见附录-1)

第二部分,列举了12个禁止外国投资者投资的项目。所列举项目均禁止外国投资者投资。(见附录-2)

第三部分,列举了22个仅允许外国投资者和当地企业或个人以合资的形式进行投资的项目,可分为如下几类:(见附录-3)

(1)建造鱼类登陆地点或渔港以及鱼产品拍卖市场;

(2)与渔业相关的研究项目;

(3)兽医诊所;

(4)在农用地上耕种;

(5)以现有的自然资源为基础生产的塑料制品、化学用品、易燃固体、液体、气体燃料和气溶胶、氧化剂和压缩气体、腐蚀性化学品、工业化学气体、谷物制品、各种糖果、牛奶和乳制品以外的食品、麦芽和麦芽酒和非充气类产品、各种酒精、酒、酒精饮料、各种纯净冰、纯净饮用水、各种肥皂和化妆品;

(6)住宅公寓和托管公寓的开发、销售和租赁;

(7)当地旅游业务;

(8)向海外医院运送病人的运输代理。

第四部分,列举了126个须经相关部门批准的投资活动,可分成如下几类:(见附录-4)

(1)须经内政部批准的投资活动计1个(使用麻醉药品制造药物);

(2)须经信息部批准的投资活动计6个(广播调频、有线电视等);

(3)须经农业、畜牧和灌溉部批准的投资活动计18个(与渔业和鱼类资源、海洋捕捞等相关的投资项目);

(4)须经交通与通讯部批准的投资活动计55个(检查、邮递服务等);

(5)须经自然资源及环境保护部批准的投资活动计15个(在林地及政府管理的土地上进行采伐,养殖及生产珍珠等);

(6)须经电力和能源部批准的投资活动计8个(包括大型电力项目,以及所有与电力系统相关的工作等);

(7)须经工业部批准的投资活动计1个(生产疫苗);

(8)须经商务部批准的投资活动计2个(批发和零售业务);

(9)须经卫生及体育部批准的投资活动计12个(包括私立医院服务、传统制药服务等);

(10)须经建设部批准的投资活动计8个(由建设部管理的所有道路,新城镇发展等项目)。

七、鼓励投资的行业及投资优惠政策

2017年4月1日,缅甸投资委员会发布了关于鼓励投资行业清单的2017年第13号通知(见附录-5)。

(1)农业及其相关业务(种植及生产烟草、烤烟除外);

(2)植树造林、森林养护及其相关工作;

(3)畜牧生产,渔业产品的育种、生产及相关服务;

(4)制造业(生产香烟、白酒、啤酒及其他有害身体健康的产品除外);

(5)建立工业区;

(6)建设新城区;

(7)城市发展项目;

(8)修建公路、桥梁及铁路;

(9)修建海港、内河港与陆港;

(10)机场的管理、运行和维护;

(11)飞机维修服务;

(12)供应和运输业务;

(13)发电、输电及配电业务;

(14)可再生能源生产业务;

(15)电信业务;

(16)教育服务;

(17)公共医疗卫生服务;

(18)信息技术业务;

(19)酒店及旅游业;

(20)科研开发业务。

根据《投资法》的规定,针对上述鼓励投资行业所涉及的所有投资项目,可向缅甸投资委员会提出申请免除企业所得税。

并且,外国投资者可以基于其投资项目所在地区(一区、二区或三区)向缅甸投资委员会提出申请,请求减免企业所得税。2017 年 2 月 11 日,缅甸投资委员会发布的与指定开发区相关的第 10 号通知明确规定:将欠发达地区作为一区(见附录-6),中等发达地区作为二区(见附录-7),发达地区作为三区(见附录-8)。一区范围内的投资活动连续 7 年免所得税;二区内连续 5 年免所得税;三区内连续 3 年免所得税。外国投资者为了享受免税待遇,应按照《投资法》的规定向缅甸投资委员会提交免除和减轻申请表。

根据《投资法》的规定,外国投资者有权从私人或缅甸公民手中,长期租赁土地或房屋,也可租用政府部门所有或由政府机构管理的土地或房屋。投资者首次租赁土地的租期为 50 年,该期限自获得缅甸投资委员会的许可之日起算,且经投资委员会批准,投资者可以续租 10 年,并在续租期届满后可再次续租 10 年,总租期可长达 70 年。外国投资者须向缅甸投资委员会递交土地租赁许可申请表,以期以商业目的获得租赁许可权,享有土地或房屋的使用权。若其他投资者先前已经获得缅甸投资委员会的授权而享有土地或房屋的使用权,外国投资者有权从其他投资者那里转租房屋。在这种情况下,投资者需要以申请表的形式向缅甸投资委员会备案。

该投资法还规定,外国投资者有权依照法律规定,委任任何国籍适格人士在其缅甸境内的投资中,担任高级经理、技术和运营专家及顾问。但是,外国投资者要想在投资业务范围内雇用此类外籍员工,须向缅甸投资委员会提出申请,填写专门的外国雇员工作许可申请表。同时,为了确保这类外籍员工能在缅甸长期工作,外国投资者须针对这类外籍员工向缅甸投资委员会提出居留许可申请,并要填写专门的居留许可申请表。

依据《投资法》,投资业务获得许可后,外国投资者在投资期限内同任何人的商业资金转移活动均需向缅甸投资委员会申请并备案。例如,股权转让、股权抵押、业务转让等,申请及备案须填写相应申请备案表。

依据《投资法》,外国投资者可以将下列与《投资法》规定的投资有关的资金转移境外:

(1)符合缅甸中央银行规定的资本账户下的资本金;

(2)收入、资产利息、股息、稿酬、专利费、许可费、技术援助和管理费、股票和其他根据本法投资所得的收益;

(3)全部或分批销售后的收益或投资清算或投资后所拥有的财产;

(4)根据合同支付的款项费用,包括贷款协议;

(5)任何解决投资争端所产生的款项费用;

(6)投资或征收后获得的补偿或赔偿;

(7)在境内依法雇用的外籍专家所获得的报酬、工资和收入。

外国投资者依上述情形将资金转移至境外的,须向缅甸投资委员会提出申请,填写外汇汇回许可申请表。并且,只有在经过缅甸投资委员会许可后,外国投资者才可以将资金转移至境外。

八、缅甸投资委员会的许可与审批

依据《投资法》的规定,允许外国投资者在缅甸进行的商业投资中,部分是需要获得缅甸投资委员会许可(Permit)的。依据《投资法》的规定,如果投资者有意在如下领域进行投资,应按要求向缅甸投资委员会提交方案以获得投资许可:

(1)对缅甸联邦有战略意义的投资项目;

(2)大量资本密集型项目;

(3)对当地环境及社区存在巨大的潜在影响的项目;

(4)使用国有土地及房屋的项目;

(5)政府提出需要向缅甸投资委员会提交方案的项目。

《投资法》规定,投资者进行申请时应准备一份完整、全面的方案并提交给缅甸投资委员会。投资委员会将在其秘书处或投资委员会指定的其他地点对方案的可行性及完整性进行初步筛选。如确定该方案完整可行、得到认可,则将由方案评估小组(Program Assessment Team,PAT)进行实质性评估,然后提交给缅甸投资委员会,并在其委员会议上进行审查和评判。如缅甸投资委员会认为该方案不完整,则可在接到方案之日起 15 日内予以驳回,并在 5 个工作日内将该决定通知投资者,同时说明驳回理由。如方案未被否决则视为通过。

方案一经通过,缅甸投资委员会将在通过方案后 60 日内对方案再次进行筛选。如投资委员会对该方案予以认可,则会在 10 个工作日内发放许可证。如投资委员会秘书认为该方案的复杂性及新颖性或其他条件将会影响联邦利益,则可暂缓或延长评估时间(如依据《投资法》第 46 条的规定,该方案须提交议会审查)。一旦获得许可资格,外国投资者便可在缅甸开展经营投资。但是,外国投资者在开始进行商业营运时，须向缅甸投资委员会提交制造或服务的商业营运日期的报告，在项目正常运行后，外国投资者还须在委员会许可的经营期限内，按时提交经营状况报告，该报告每季度提交一次，并需要按照规定的报告形式书写季度业绩报告。

除《投资法》第36条规定的投资项目外，其他投资活动无须获得缅甸投资委员会的许可，但如果投资者需要获得土地长期使用权或享受税收减免，可以申请投资认可（Endorsement）。申请投资认可需提交《投资法》第38条规定的推荐信、批准、许可及初步实施投资所需的相关授权。缅甸新的审批系统将简化土地使用权及税收优惠政策的申请程序。

按照《投资法》的规定，投资者须准备一份完整、全面的投资认可申请表，并将该表提交给缅甸投资委员会或联邦、地区委员会。投资委员会秘书处或有关省邦、地区委员会对审批表的可行性及完整性进行初筛。如确定该投资认可申请完整可行，则交由投资委员会或联邦、地区委员会进行审查和评定。

如果缅甸投资委员会或联邦、地区委员会认为该投资认可申请不完整，则可在接到申请之日起15日内予以驳回，并在5个工作日内将该决定通知投资者，同时说明驳回理由。如投资认可申请未被否决则视为通过。投资认可一经通过，缅甸投资委员会或联邦、地区委员会将在接受审批后60日内对提案进行筛选。如投资委员会或联邦、地区委员会对该申请予以认可，则会在10个工作日内发放投资认可。（见表2）

表2　外国投资者投资许可或认可基本程序一览①

<table>
<tr><th>步骤</th><th colspan="3">内容</th></tr>
<tr><td>第一步</td><td colspan="3">通过投资预审申请，从投资与公司管理局获取资讯</td></tr>
<tr><td rowspan="2">第二步</td><td>投资许可（MIC Permit）</td><td colspan="2">投资认可（Endorsement）</td></tr>
<tr><td>准备并提交申请缅甸投资委员会投资许可的文件到投资与公司管理局总部</td><td>准备并向投资与公司管理局总部相关投资部门提交申请文件以获得认可（超过500万美元或60亿缅元）</td><td>准备并向投资与公司管理局省/邦办事处提交申请文件以获得认可（500万美元或60亿缅元以下）</td></tr>
</table>

① 参见［缅］缅甸投资委员会：《缅甸投资指南（2018）》，德信法律译，缅甸投资委员会出版社2018年版，第29页。

续表

步骤	内容		
第三步	出席投资与公司管理局方案评估小组并在会议上进行汇报	由投资与公司管理局的投资部门审查	由投资与公司管理局的省/邦办事处审查
第四步	出席缅甸投资委员会会议并在会议上进行汇报	由缅甸投资委员会会议审查。无须出席会议	出席区域投资委员会并向委员会进行汇报
第五步	获得结果(通过或拒绝)		

九、经 济 特 区

外国投资者在缅进行投资的法律依据除《投资法》外,另一部重要法律是2014年缅甸《经济特区法》,该法于2014年1月23日生效,是缅甸管理所有经济特区的基本法。

近年来,缅甸政府高度重视打造经济特区,经济特区的功能之一便是最大限度地吸引外资,进一步促进商品和服务的出口,从而创造更多亟须的就业机会。目前,缅甸正在大力打造土瓦、迪洛瓦、皎漂三个经济特区。而各经济特区的建设均离不开大量的重大基础设施项目的开发,其中包括建设通往邻国的深海港、电网、输油管道等,交通基础设施如公路等的建设必不可少,而连接经济特区的主要公路建成后,各经济特区间及特区与其他地区间的联系将更紧密。目前,缅甸正在打造的三大经济特区基本情况如下。

(一)土瓦经济特区

土瓦经济特区位于德林达依省。缅—泰两国2008年5月19日于新加坡签署《关于兴建土瓦经济特区和相关项目的谅解备忘录》,缅甸港务局与意大利·泰公司于2010年11月2日签署框架协议,根据协议,土瓦特区一期项目包括修建缅泰公路、深水港建设和工业区建设,计划于2015年竣工。由于该项目盘子大、资金短缺及缺乏外资投入等因素,该项目一度搁浅。之后,缅甸政府为吸引更多国际资本参与并激活搁浅的土瓦项目,便终止了与原合作方的协议,而将土瓦特区项目上升为缅泰两国国家间合作项目。缅泰两国于2012年7月23日签订了新的土瓦经济特区谅解备忘录,并成立了相关机构如联合高级委员会、联合工作协调委员会、联合工作组。联合高级委员会会议在泰国召开了2次会议,联合工作协调委员会会议在泰国召开了3次、在缅甸召开了1次,共4次。后又邀请日本作为土瓦经济特区战略伙伴国,缅、泰、日于2013年9月27日在仰光召开了三方会议。为了顺利推进土瓦经济特区项目,并吸引更多海外投资商和开发商,项目方征聘了国际知名咨询公司参与出谋划策,并按程序实施招投标。

据土瓦经济特区管委会主席,缅甸交通部副部长吴汗盛介绍,为邀请国际投资商和开发商,在泰国曼谷组建了土瓦特区发展有限公司 SPV-1(Special Purpose Vehicle-1,SPV-1),在缅甸拟组建土瓦特区发展有限公司SPV-2(Special Purpose Vehicle-2,SPV-2)。特区管委会与特区发展有限公司(SPV-1)于2013年11月21日签订框架协议,并制定了项目进展时间表。在泰国组建 SPV-1 的主要职能是融资,公司发展规划是向集团化发展并在泰国发行股票,待缅甸金融市场成熟时也计划在缅甸发行股票,这也是特区发展有限公司双重挂牌的目的。SPV-2 公司则计划在仰光开设办公室并正办理在缅甸的注册手续,该公司是缅泰两国政府间的合资公司,主要职能是与 SPV-1 公司进行业务对接并执行两国政府关于土瓦经济特区及相关项目的操作意图。目前两国正按照双边协议推进土瓦经济特区项目。

(二)迪洛瓦经济特区

迪洛瓦经济特区位于仰光省丁茵—皎丹镇区。缅甸财团和日本财团2013年10月29日于东京签订合作协议。据迪洛瓦经济特区管委会主席,缅甸中央银行副行长吴塞昂介绍,自2013年11月30日启动项目开工仪式以来,该特区项目正按计划加紧建设。该项目由缅甸—日本私人企业及政府组织联合组建的"缅甸—日本迪洛瓦开发有限公司"负责实施。合资公司中缅方占51%股份,日方占49%股份。在缅方股份中,迪洛瓦特区管委会占10%,缅甸私人企业联合体"缅甸迪洛瓦经济特区控股公共有限公司"占41%股份,日方股份中由3家企业组建的MMS迪洛瓦开发有限公司占39%股份,日本国际合作机构占10%。

迪洛瓦经济特区项目最初是由缅方于2013年6月2日通过官方媒体发出征招迪洛瓦经济特区初期建设兴趣函,2013年8月30日招标,2013年10月10日进行筛选,最后由中标的缅甸—日本私人合资公司(Panta-Suntac)开始初期建设。从项目建设的具体运作来看,上述"缅甸迪洛瓦经济特区控股公共有限公司"计划通过出售股份的方式筹措部分资金,一期计划销售214.5万股,每股售价1万缅元,之后则将视资金使用情况及项目建设情况决定追加出售股份。缅甸公民及缅甸公司皆有权购买迪洛瓦股票,而股票的出售则采取公开、透明且规范性的程序加以操作。迪洛瓦经济特区的商业试运行从2015年中期开始,进入特区的公司可以通过实际需要而在特区长期租用土地,如果违约则将按国际惯例收回土地使用权等。

(三)皎漂经济特区

皎漂经济特区位于若开邦境内。该特区项目的建设也是先通过招标筛选特区顾问工作组和开发咨询公司,然后再实行国际性的开发商招标加以建设。据皎漂经济特区管委会主席、时任铁道部副部长吴敏登介绍,皎漂项目的实施主要按以下4个步骤进行:一是起草规划概念(初步方案);二是公开招聘开发咨询公司;三是公开招标开发商;四是筛选开发商并进行项目开发。并且,他表示,每个环节均采取公开透明的方式依法实施,并同时充分考虑各方意见和群众诉求。[①] 2018年11月8日,中缅双方代表在缅甸商务部签署了皎漂深水港项目框架协议。皎漂深水港项目将由缅中双方共同投资的缅甸公司以特许经营方式开发建设和运营,其中,中方占股70%,缅方占股30%,缅方股权将先由皎漂管委会持有,在条件成熟时管委会将把15%的股权转让给政府指定的实体。

就中国投资者而言,缅甸的上述经济特区项目的开发建设也显现出不错的投资机会,缅甸也将为投资者提供诸多优惠,如税收和土地使用。

在税收优惠方面,依据缅甸《经济特区法》,在不同区域的投资项目可以享

① 参见《缅甸3个经济特区建设进展情况》,载中华人民共和国商务部网:http://www.mofcom.gov.cn/article/i/jyjl/j/201402/20140200490689.shtml,最后访问日期:2020年4月28日。

受不同的所得税减免优惠政策：(见表3)

表3　缅甸经济特区所得税减免优惠政策

优惠政策	免税区	促进区
所得税豁免	自商业运营之日起7年	自商业运营之日起5年
所得税50%的减免优惠	免税期届满后5年	免税期届满后5年
利润再投资部分50%的减免优惠	上述期限届满后5年	上述期限届满后5年

此外，《经济特区法》第48条规定，对于开发商和投资者在经营期间产生的亏损，可以在亏损发生后5年内进行结转。

在土地使用权方面，依据缅甸《经济特区法》，管理委员会有权将土地使用权授权给起租期不少于50年，且再次续租25年的投资者。(见表4)

表4　缅甸经济特区投资机会①

行业	可投资项目
基础设施发展	道路建设、桥梁施工、机场建设、港口建设、电力生产、电信基础设施发展、供水生产、环境保护、废物控制系统
生产类行业	货物处理、高科技产品制造、农业、畜牧业和渔业、矿物产品、林业产品
服务类行业	贸易、物流和运输、存储和仓储、酒店和旅游、教育和健康、住宅设施、基础设施供应和支持中心、绿色空间、娱乐中心和度假村

① 参见[缅]缅甸投资委员会：《缅甸投资指南(2018)》，德信法律译，缅甸投资委员会出版社2018年版，第19页。

第四章　土地和不动产

投资者如何获得生产、经营、管理及居住场地是每个外国投资者都十分关心的问题，投资者在土地、房屋等不动产的取得和使用方面须遵守缅甸的土地及不动产管理制度。因此，了解缅甸的土地类型及土地管理制度，熟悉缅甸的土地使用权申请方法，把握缅甸在土地、房屋等不动产上的相关法律规定有助于投资者更方便地在缅甸开展投资活动。

一、土地类型及土地管理

根据2008年缅甸《宪法》之规定，缅甸联邦是缅甸土地及地上、地下、水上、水下及大气等所有自然资源的最终所有者。相关政府部门，如农业、畜牧和灌溉部（Ministry of Agriculture and Irrigation，MOAI），农田管理机构（Farmland Management Body，FMB），自然资源与环境保护部（Ministry of Natural Resources and Environmental Conservation，MONREC），闲置地、休耕地和荒地中央管理委员会（Central Committee for the Management of Vacant，Fallow and Virgin Lands，CCVFV），居民区和住宅开发区管理局（Department of

Human Settlement and Housing Development，DHSHD），城市发展委员会、民政部门、经济特区管理委员会等部门负责缅甸的土地管理工作，并在各自权限内具体行使对土地的管理职能。

缅甸目前没有一部整体性的土地法，与土地管理有关的法律规范散见于多部不同的法律当中。根据相关法律，缅甸的土地可以大致分为两种，即农业用地和非农用地。缅甸《农用地法》所称的“农业用地”（Farming Land）是指种植水稻、橡胶、蔬菜、用于园艺等的耕地和园地，还包括冲积地、沙洲、河滩地及其附属物，其类型有水地与非水地。非农用地包括城镇土地、农村土地、出让用地、许可用地、自留地（“祖传土地”）、特许地、宗教用地、闲置地、休耕地和荒地以及可作其他用途使用的林地及农田（《农用地法》第 30 条第 1 款、第 2 款）。

法律规定的农业用地必须用于农业目的，非农用地则根据其性质合理加以使用。就投资者而言，其土地使用主要涉及非农用地。非农用地中的出让用地是缅甸国家土地中使用权限范围最广泛的一种类型，它可以出于任何合法目的加以使用，国家可以明确授予土地使用者一定的使用期限，期限从 10 年至 60 年、90 年，而外国投资者使用这类土地还可以申请延长期限。出让用地可以转让且在一定的法律限制下可以继承。需要注意的是，出让用地的土地使用费须在签订土地协议时作为额外费用先行支付。出让用地的持有者可以自由出租、转让、抵押或出售他/她的土地权益给其他缅甸国民或缅甸公司。

许可用地和特许地是政府提供给缅甸国家公务机关或人员居住或使用的土地类型，许可用地和特许地从性质上有别于出让用地或一般的租赁地，它在性质上属于国家且只能由国家税务机关授权许可使用，并只能在当地土地管理部门同意的情况下进行出租、转租、转让。

宗教用地是政府专门赋予宗教团体使用的土地类型，一块土地一旦被归类为宗教用地，它的性质便很难改变，除非经由联邦政府同意而加以改变。一般而言，宗教用地不得租赁给外国投资者，但外国投资者可以向内政部申请改变宗教用地的用途，从而租赁该土地，申请时需备齐出租者有关的宗教用地文件及土地税单，内政部审核后再交由联邦政府复审。根据相关政府报告，在实践中，联邦政府很少会同意改变宗教用地的用途。

就外国投资者而言，根据《投资法》，任何外国公司及个人可申请长期租用土地用于其投资活动,①但依据缅甸的相关法律,并非每一种类的土地外国投资者都可以直接用于其投资活动,有的即使可以使用但需获得缅甸联邦政府的许可。因此,外国投资者在进入缅甸市场时,一定要对缅甸的土地法律制度有所了解。

二、土地使用权

根据《投资法》,外国投资者可合法使用土地,即无权获得土地的所有权但有权获得土地的使用权。但是,依据缅甸1987年的《不动产转让限制法案》,法律对外国投资者使用土地进行了重大限制,禁止外国投资者将其所使用的土地向任何外国人或外国公司出售、转让或置换。并且,非缅甸公民及公司租赁土地的期限不得超过1年。这给外国投资者赴缅投资造成了严重障碍。但是,缅甸的相关法律又规定,如果涉及外国政府、外交使馆或其他政府组织使用土地,则可经相关政府部门批准而免除以上土地使用限制。

因此,就赴缅投资的外国投资者而言,为了获得土地使用权,突破《不动产转让限制法》的限制,可以向缅甸投资委员会或经济特区申请豁免,缅甸投资委员会可根据《投资法》、经济特区则根据《经济特区法》予以许可,从而突破上述土地使用权方面的法律障碍。依据《投资法》所获得的许可,可授予外国投资者至少50年的土地租赁权,以此便可解决投资者土地使用权方面所遭遇的难题。并且,依据相关法律,外国投资者自收到委员会、联邦政府或其他政府部门、政府组织、私有土地所有权人许可之日起,可享受50年的起租期,50年的起租期满后,外国投资者还可申请延长10年租期,该期限届满后仍可再次申请续租10年。依据《经济特区法》获得的土地使用许可首期为50年,到期可一次性延期25年。

为实现缅甸全国的整体发展,缅甸联邦政府还规定,如果投资者在缅甸欠发达地区进行投资,则缅甸投资委员会可向联邦政府及议会提出申请,延长土地、房屋的租赁及使用的许可期限。

---

① 参见原瑞玲、瞿雪玲:《"一带一路"背景下中国与缅甸农业投资合作分析》,载《中国经贸导刊》2017年第16期。

三、申请土地使用权的方式

根据缅甸法律的规定，对于缅甸联邦土地的使用，投资者须向缅甸投资委员会提出许可申请，如为非联邦土地，则投资者须向投资委员会提交审批表。投资者提出许可申请或提交审批表后或在提交申请的过程中，可同时提出土地授权申请。申请土地使用权须提交如下信息资料：

(1)土地或建筑物的面积、类型及位置；

(2)土地或建筑物的所有人；

(3)如改变投资用地的用途，还需提交其他政府部门、政府组织或作出许可的省/邦政府的推荐信；

(4)地表过高或过低，是否需要对地表状况进行更改；

(5)土地使用期限；

(6)土地租赁协议。

具体而言，投资者要获得在缅甸的土地使用权，须先获得缅甸投资委员会的批准，然后从公共所有权人或政府处租得土地，再根据《登记法》向文契登记办公室(Office of Registry of Deeds)登记租赁协议。依据法律，缅甸投资委员会应当自受理申请之日起30日内对该申请进行审核，如果投资委员会决定授权，则应在10日之内向投资者发出授权凭证。

四、租赁权登记及印花税制度

赴缅投资而租赁不动产需要登记，根据《登记法》，租赁不动产期限超过一年的，应在文契登记办公室进行登记。如果租期为1年或少于1年，则可自行选择登记方式。实践中，当地出租人和外国承租人之间签订的1年以下的租赁合同未进行登记，而租期在1年以上的租赁协议，则须在合同签订之日起4个月内进行登记。

登记后，承租人须在内税局缴纳印花税。根据《印花税法》，固定租金的租赁协议，租期不到1年的，为总租金总额的0.5%；租期超过1年不到3年的，为平均年租金0.5%；超过3年的，为平均年租金的2%。

如果使用缅元缴税,3 年租期相当于享受平均每年租金 9.5 折的优惠。如果租期超过 3 年,则相当于每年租金享受 8 折优惠。如使用外币支付租金,则统一享受印花税 9 折优惠。如该不动产权证对整个缅甸联邦的发展而不仅是对内比都、仰光、曼德勒的发展产生重大影响的,则须多支付 2% 的印花税。印花税须在履行租赁协议之前或签订协议之时支付。

五、投资者在使用土地过程中应履行的义务

根据缅甸法律的规定,外国投资者在使用土地过程中应履行一定的义务,如土地租赁权或使用权涉及的地上、地下自然资源或文物或宝藏未包含在原始合同中,则投资者应立即将该情况通知缅甸投资委员会。如征得投资委员会同意,则投资者可继续经营。如未征得投资委员会同意,则投资者可选择一个替代地块,并获得转让许可。

如果投资者未征得投资委员会同意,不得对土地自然表面加以改变或对地表高度作出明显调整。

缅甸本地投资者或依法以缅甸公司的名义进行投资,且在与外国投资者合作后,依然保留缅甸公司地位的投资者,无须按照《投资法》第 50 条之规定,向委员会申请土地使用权授权。①

如投资者从其他投资者处转租的土地符合下列条件的,则无须提出土地使用权申请:②

(1)先前已获得土地和房屋的使用授权;

(2)符合土地使用权许可的条件;且

(3)经有权机关批准,对土地或房屋进行的转租,作为履行投资的一部分,不单独要求申请土地使用权许可。在此种情况下,投资者必须以规定的形式通知委员会,并根据《投资法》第 50 条的规定而长期租赁该土地或房屋,同时须遵守法定登记义务及其他法律所规定的义务。

---

① 《投资法实施细则》第 134 条。

② 《投资法实施细则》第 135 条。

六、农用地使用权

农业用地是缅甸政府所有，并给予缅甸公民用于特殊目的的一类土地，在这种土地上，缅甸农民可以种植任何一种庄稼。为了合法获取农业用地使用权，农民需要向缅甸中央农业用地管理局申请获得农业用地使用许可证，并在使用期间支付相应的土地税。农民一旦持有了农业用地使用许可证，便可将土地出租或者转租给投资者，农业用地只能出租、转租或者经过政府同意，转让给外国公司用于农业用途的投资活动。

根据缅甸《农用地法》第 14 条之规定，任何有权使用农业用地的投资者，未经政府许可，不得将该用地的全部或部分出售、抵押、出租、置换或赠与给任何外国人或其自身所在的外国机构，但有权为了共同利益与其他外国人或其所在的外国机构合作共同使用该土地。

这便意味着，取得农业用地使用许可证的缅甸农业从业者，可以按照法律的规定将其农业用地的使用权转让给包括外国投资者在内的投资者以用于农业用途的投资活动，而受让者不可再将该农业用地使用权对其他外国投资者或者机构实施再转让，但可以与其合作而共同使用该土地。

七、闲置地、休耕地和荒地的使用权

缅甸是一个农业国，有得天独厚的自然条件，除迷人的热带、亚热带风光外，还有大片的休耕地和尚未开垦的荒地，对于这些土地的使用，缅甸法律有着特别的规定，其使用须遵循严格的程序。依据法律，获得许可而与各政府部门、政府组织进行互惠合作的外国投资者，或获得许可而与缅甸投资者进行互利合作的投资者，如有意在联邦范围内耕种或使用闲置地、休耕地和荒地上从事农业、畜牧养殖业、采矿业及其他法律许可的业务等活动，除向缅甸投资委员会履行相应的手续外，应依法向管理闲置地、休耕地和荒地的中央委员会提出申请。

经缅甸投资委员会批准，中央委员会授权，投资者可以申请使用闲置地、休耕地和荒地用于耕作或与申请的土地用途相一致的其他投资生产活动。并且，依据法律规定，有权使用闲置地、休耕地和荒地进行耕种的人，应自批准之日起

4年内,按照相关法律规定办理营业许可证,直至项目完工。未经联邦政府批准,不得将该土地进行抵押、赠与、出售、出租、以其他方式转让或分割。

八、经济特区土地使用权

根据法律规定,外国投资者有权在经济特区内以相关管理委员会许可的任何形式进行投资,既可以外商独资方式,也可以与缅甸公民合资方式开展投资,并按相应的程序取得经济特区土地使用权。一般而言,有意使用经济特区土地的投资者或开发商应向有关管理委员会提出申请进而租赁或使用经济特区土地。但投资者或开发商无权出让经济特区土地,而只能将该土地的使用权转移给获得许可的其他投资者,投资者或开发商有权根据土地租赁协议所约定的条款和条件,将承租或使用的土地转租。只有遵循以下程序,投资者或开发商可以在土地许可期限内出售、抵押、租赁、交换或转让土地使用权:

(1)开发商应以管理委员会指定的形式获得中央机构的批准;

(2)投资者应获得管理委员会的许可。

在经济特区内,开发商或投资者根据管理委员会的要求缴纳土地使用费后,可以享受50年的土地使用权,该期限届满后,如需继续使用,可以续期25年。经济特区内促进区的闲置地,如无公路、供水、供电等基础设施,则不许租赁给任何个人用于商业或社会目的,诸如学校、医院、宾馆、娱乐场所、大型居民商圈等。但如果该区域的开发是由总开发商通过招标方式选定的合作伙伴作为分开发商进行的,则不适用此限制。①

九、土地租金

关于缅甸的土地租金租赁双方可协商的余地较大,除1990年《缅甸政府第3/90号通知》将仰光的土地分为的4种类型外,其他地区的土地在租金方面政府没有硬性规定,投资者可根据投资需要,自行协商决定土地租金。

根据1990年《缅甸政府第3/90号通知》,仰光的土地共分为四种类型,每

① 《经济特区法实施细则》第46条。

年每平方米土地租金(范围)(见表5):

表5　仰光地区土地分类　　单位:美元

土地类型	一流地	市中心	市郊	其他
居住用地	7~35	5~30	2~20	1~8
商业用地	10~50	6.5~40	6.5~40	1~6
工业用地	禁止出租	禁止出租	2~20	1~6

但实际上,就仰光地区而言,对于政府所有的土地,双方可在上述租金范围内就具体价格进行协商。而除仰光外,其他地区皆没有类似通知,意味着关于土地的租金问题租赁双方可自由协商。而私人所有的土地(可转让土地)的租金价格由出租人和承租人协商确定。如双方确定的价格合理,则缅甸投资委员会会将该价格作为最后租金。

缅甸投资委员会发布的《2018年缅甸经商成本调查报告》对仰光不同区域和不同类型的土地租赁价格进行了统计,可以作为重要的参考资料。①

十、都市的区域规划及建设

所谓都市的区域规划及建设,对投资者而言其影响主要体现在:要求投资者在实施开发建设时应注意相关的建筑要求,而与区域规划和建设相关的具体法律一般仅针对大都会地区,且目前很多都已废止。它们具体包括:2002年《曼德勒发展法》、2009年《内比都发展法》、2018年《仰光发展法》。

显然,《仰光发展法》仅适用于仰光;《曼德勒发展法》仅适用于曼德勒;《内比都发展法》仅适用于内比都。相应地,省/邦的发展法仅适用于相应的省/邦。仅以仰光为例,在《仰光发展法》中,有专门针对建筑、环境保护和卫生、道路和桥梁、民用工程、土地管理等方面的指示、命令及规定。例如,在东、西、南、北部的大金塔上,禁止建造6层以上的建筑物等。就投资者而言,在具体的建设项目中须遵守相关发展法对建筑的基本要求,严格遵守相关规划,否则相关项目

① See DICA:"Cost of Doding Business in Myanmar-Survey Report 2018", https://www.dica.gov.mm/sites/dica.gov.mm/files/news-files/cost_of_doing_business_in_myanmar_survey_report 2018.pdf.

的建设便可能构成违法而导致不必要的损失。

十一、购置商用不动产

根据《不动产转让限制法》,外国企业或个人不得在缅甸购买商业地产或住宅。这意味着,就外资拥有商业地产或住宅方面,缅甸总体上持否定态度,即原则上不允许外国投资者拥有商业地产或住宅的。然而,值得注意的是,近年来包括《公寓法》在内的新立法在上述规定上有所松动。作为外国投资者,如果有计划在缅甸购置商业地产或住宅,须全面了解缅甸法律的规定,并密切注意相关法律的变化,谨慎投资,以免造成损失。

事实上,自2012年缅甸正式对外开放以来,外商投资势头强劲,在开发政策利好和改革红利的双重带动下,缅甸本地市场相对活跃。土地和不动产作为重要的原始生产资料,价格也水涨船高、节节攀升。并且,由于缅甸的商业地产市场还处于发展初期,写字楼和住宅供应严重不足,导致政府和民间均担心这一时期允许外商投资商业住宅会加剧住宅、土地和各种建筑材料的涨价,从而形成泡沫,影响房地产业健康有序发展,可能导致土地价格飙升并最终推高其他行业的运营成本。但是,2016年缅甸《公寓法》颁布后,可以认为上述观点在法律上已经有了一定程度的松动。根据2016年《公寓法》的规定,外国人最多可购买所开发公寓套数(具体为销售面积)的40%,并可将该公寓进行贷款抵押。而就开发商而言,如果将公寓出售给外国人,则开发商须向登记机关报告,且应保证其用于购买该公寓的资金必须是从国外合法流入的资金。从《公寓法》所列条文来看,缅甸政府显然审慎考虑了《公寓法》的颁布可能对市场产生的影响,因此,在设计相关制度上趋于谨慎。但总体而言,该公寓法从制度设计到所列内容皆体现出了"产权基本明确、市场适度放开、政府严格管控"等特点。

"产权基本明确",是指法律对公寓的开发、登记和转让所涉及的相关主体及其权利义务进行了明确。"市场适度放开",则指法律对公寓的开发、出售和转让的主体和客体进行了明确限制。例如,规定公寓的开发商不得包括银行、金融机构和保险公司;所开发公寓销售给外国人的住宅单元数量不得超过总套数的40%等。"政府严格管控",则指法律规定政府对公寓的管控贯穿公寓的开发、销售和转让等各个环节,主要表现为对各环节行为的登记和批准等方面。

根据《公寓法》的规定，法律所称公寓系指依《公寓法》登记的，在共有土地上建设的6层(含)以上共有建筑，包括共有物业和供共同所有权人使用的住宅单元。可见，一栋公寓一般由三大要素构成：住宅单元、共有物业及位于其下的共有土地。尤其需要注意的是，位于"共有土地"之上是公寓认定的必要条件。①

就外国投资者而言，应重点关注《公寓法》及其实施细则中与外国投资者有关的内容。依据《公寓法实施细则》的规定，与外国投资者有关的规定有：

(一)关于外籍购房者的规定

1. 外籍人士购房前，须事先咨询注册管理人；

2. 外籍人士购房时，只能使用合法从国外汇入缅甸的外汇收入购买；

3. 外籍人士购房后，将获得统一注册并由城市、房屋发展部门颁发房屋产权证，户主可自由出售、抵押、出租或转租。

需要说明的是，《公寓法实施细则》并未对外籍投资者购房后是否对土地拥有所有权加以明确。

(二)关于公寓房项目的外籍投资者或合资者的规定

1.《公寓法》适用对象是6层以上的高层居民楼，地块面积大于20,000平方英尺，出售给外国人的物业比例不得超过40%。但《公寓法实施细则》中则去除了楼层的限制，保留了地块面积大于20,000平方英尺，出售物业比例不超过40%的规定。

2. 外籍人士可以投资建设公寓房项目，也可以作为项目的合资商，但事先必须得到国家投资委员会的批准。项目建成后，投资商或者合资商，最低需要出售75%的公寓房，其中25%的公寓房可使用一个人的名义进行注册。

3. 公寓房项目的外籍投资商或合资商，有权出售公寓物业，每次出售给外籍人士皆需事先咨询注册管理人，再由注册管理人向公寓监管委员会进行通报。

4. 如果要将公寓房用作其他用途，建设时，便需要和居民楼分开分层建设，且需要为商用房另设入口。有商业用途的房间，开发商需要把房间的类型、面积、规划图、总房间数等一一列出；为避免对住户产生影响，开发商在出售公寓

---

① 参见陈戌元：《读懂〈2016年公寓法〉》，载缅甸《金凤凰》中文报2016年6月29日，第3版。

前,如果公寓项目内有其他商业用途的房间,需提前告知购房者,同时,需获取购房者已经了解相关情况的保证书(注:开发商营业执照由3年变更为5年)。

5. 公寓房项目地基建设完成30%,即可进行预售,通过预售获得的所有金额,须存入银行,仅可作为公寓房项目建设用途,不得作为其他用途。[①]

十二、环境法律监管

赴缅外商投资者在选择投资项目时,还应高度重视相关项目对环境、生态的影响,并充分了解缅甸政府对项目投资的环境要求,熟悉相关法律,做好风险评估,避免所投资项目因环境因素造成损失。

缅甸自然资源与环境保护部(Ministry of Natural Resources and Environmental Conservation, MONREC)主要负责评估投资者遵守缅甸环境法的情况。缅甸现行《环境保护法》于2012年由议会通过。该法的主要目的是保护国家的自然资源,造福子孙后代。就投资者而言,这部法律非常重要,因为在通过了环境保护法并相继出台了各种法规草案后,自然资源与环境保护部在缅甸投资委员会负责的投资许可证申请中发挥着更重要的作用,其对投资领域的影响巨大。

自然资源与环境保护部是缅甸投资委员会小组的组成部门之一,并可以出席方案评估小组会议。对于要在缅甸境内进行的投资项目,投资者必须从自然资源与环境保护部获得一份无异议的许可信。同时,在申请过程中,投资者需要避免出现与环境相关的问题。根据2016年《投资法》第41条,可能对自然环境和生态系统造成重大破坏的投资业务应定性为禁止投资项目。

为了保护城市环境,在有关政府部门和政府机构,私营机构和个人执行下列事项时,自然资源与环境保护部应当根据环境保护委员会制定的指导意见,向其提供必要的建议。

(1)土地规划及管理(包括区域的划分);

(2)核心城市中心建筑行业的管理;

(3)住房定居点的管理;

① 参见房说话:《外国人终于可以正大光明在缅甸买房啦!》,载新浪看点:http://k.sina.com.cn/article_6397991124_17d5998d40010025wb.html,最后访问日期:2020年4月29日。

(4)废物管理；

(5)污染控制(包括土地、水以及噪声污染)；

(6)其他必要的环境管理。

自然资源与环境保护部可以在政府批准的情况下,规定企业、工作场所或工厂的类别,对于可能会对环境质量产生影响的企业、工作场所或工厂,其设立或建设需要获得事先许可。由自然资源与环境保护部加以分类的商业、工作场所或工厂,其所有者或占有人应按规定向自然资源与环境保护部申请事先许可。

第五章 劳动法律制度

东盟相关国家如越南、老挝、缅甸等国，企业的人力资源管理所涉及的各个环节如面试、录用、使用、签订劳动合同、员工的待遇、员工离职等，都有相关的劳动法律制度加以约束，中国投资者赴上述国家投资、兴办企业须严格遵守其劳动法律制度，熟悉其劳动用工程序，避免发生劳动纠纷。就赴缅投资而言，常见的劳动纠纷主要涉及开除、辞退员工，解除劳动合同，工伤、保险、工资和劳务派遣等引发的争议。[①] 一旦发生纠纷，除了可能给企业造成不必要的经济损失外，还可能影响投资者的声誉。为了避免发生劳动纠纷，对于投资者来讲必须了解缅甸的劳动法相关制度，熟悉相应的用工程序及劳资纠纷化解程序与方法。

缅甸没有统一的劳动法，劳动相关制度由新、旧法律、法规及劳工、移民和人口部内部规定和实践共同构成。许多殖民时期、独立后制定的，经过或多或少的修订的法律法规及政府规定，至今仍在适用。随着政治和经济的开放，缅甸开始进入全面的改革进程，对相关法

① 参见马勇：《越南、老挝、缅甸外商投资法律环境及法律风险》，载《印刷世界》2009 年第 1 期。

律进行大修,既存法律被修订或废止,新法不断颁布。就劳动相关法律而言,新旧法律并行适用,难免会出现冲突。在实践中,雇主和雇员的关系深受劳工、移民和人口部内部规定和实践操作的影响。劳工、移民和人口部颁发的法规和通知及劳动部门对既存法律的解读,对雇主和雇员关系都会产生影响。缅甸现行的劳动相关法律法规纷繁复杂,且时间跨度较大,常用的法律包括:《1951 年假期和假日法》《1951 年工厂法》《2011 年劳动组织法》《2012 年社会保障法》《2012 年劳动争议解决法》《2013 年雇佣与技能发展法》《2013 年最低工资法》《2016 年工资支付法》《2016 年商店和企业法》《2019 年职业安全卫生法》等。

除上述法律外,劳动监管部门还会不定期发布一些下位的通知、规则,如更新最低工资标准、发布新的劳动合同模板等。根据相关的劳动法律法规,用人单位应与劳动者签订劳动合同。无论是聘任技术工人或外国劳动者、技术员和其他工作人员,均应签订与其岗位或与其所从事的工种相适应的劳动合同。

一、劳 动 合 同

2016 年《投资法》规定,劳动合同中应对涉及用人单位与劳动者权利义务、劳动条款及条件进行约定,确保投资者能够享有劳动法律法规赋予劳动者的一切权益,包括最低工资、休息、休假、加班费、损害赔偿、员工补偿、社会福利及其他与员工有关的社会福利等。

根据 2013 年《劳动就业与技能发展法》第 5 条的规定,用人单位必须在确定雇佣关系之日起 30 日内与劳动者签订书面劳动合同。依据该法,用人单位雇佣劳动者必须签订书面劳动合同。劳动合同须用缅甸语和英文两种语言进行书写,且必须包含如下内容:工作类型、试用期、薪资待遇、工作地点、合同期限、工作时间、休息和休假、加班、工作时间的膳食安排、住所、医疗、交通及差旅安排、员工规章制度、培训、服务的登记及终止、劳动合同的终止、劳动合同规定的义务、用人单位与劳动者互相解除劳动合同的规定、其他事项、劳动合同的调整和修改以及其他事项。

并且,2013 年《劳动就业与技能发展法》还规定,所有劳动合同均须在规定的时间内由相关就业乡镇劳动部门批准、登记。如有任何修改也须经劳动部门批准。但是,在实践中,劳动部门仅接收雇员在 5 人以上的雇主的登记。

根据2013年《劳动就业与技能发展法》第38条的规定，未依法与劳动者签订劳动合同的雇主将被处以6个月的监禁，单处或并处罚金。此外，未在劳动部门进行登记的劳动合同，可宣布其无效。

2017年9月1日，缅甸劳工、移民及人口部（Ministry of Labour，Immigration and Population，MOLIP）对外发布了新的劳动合同模板。根据缅甸劳工、移民及人口部发布的2017年第4号通告的要求，所有雇员超过5人的工厂、车间、工作场所、公司、企业、政府机构和组织，都应按新的合同模板依法与其雇员签订雇佣协议。与旧合同模板相比，新合同模板在以下几方面有了新变化：

（1）规定了雇主不得出于主观意愿随意解雇雇员；但是，雇主仍可以通过支付相关赔偿金达到解雇目的；

（2）在解雇雇员时，要求雇主联系工作场所协调委员会及工会代表；（事实上，许多企业包括制造类企业都没有建立工作场所协调委员会，目前也仅要求拥有30名雇员以上的企业建立工作场所协调委员会。）

（3）明令禁止雇主在“没有充分理由”的情况下拒绝与雇员续约；

（4）在雇员已没有任何法定假期的情况下，雇主也有义务给予雇员无薪假期以使其能够参加其家庭成员的葬礼；

（5）规定雇主有义务与试用期雇员签订合同。

此外，新的劳动合同模板在内容上没有针对各行业的特点进行区别设计，合同模板的内容仍主要从保护雇员利益的角度加以设计，这些都值得外国投资者注意。并且，在现阶段，各镇区仍允许合同双方在合同模板后添加附属条款，并经审核通过后准予备案。然而，如果主管官员认为这些条款妨害了雇员的权益，便可能拒绝备案。①

在员工的录用程序方面，依据现行的缅甸法律，录用工人的程序较简单，私人企业录用工人超过5个人以上的，须向镇劳动机构提出申请，有关劳动机构向企业提供符合其用工条件的候选名单，录用企业从中进行挑选。为了保证外国雇主遵守缅甸的劳动法，劳动部门可以检查其用工合同和工作规则，并提出

---

① 参见迎海财经：《缅甸投资必读！想在缅甸开公司需要注意哪些问题？》，载百度网：http://baijiahao.baidu.com/s?id=1580868543633410797&wfr=spider&for=pc，最后访问日期：2020年4月30日。

相应的建议。用工单位也可以通过职业介绍所或通过广告直接招聘工人。①

二、签 证

劳动、移民和人口部在其公告中公布了如下12种签证,外国人均可申请:

(1)外交/官方礼貌签证;(2)官方签证;(3)旅游签证;(4)商务签证;(5)就业签证;(6)社会签证;(7)宗教签证;(8)教育签证;(9)记者签证;(10)船员签证;(11)车间/研讨会/会议/研究签证;以及(12)过境签证。

在一般情况下,签证可以向缅甸各大使馆和领事馆申请。商务签证、社会签证、宗教签证、船员签证、教育签证、官方签证等可办理多次往返。

除了取得缅甸投资委员会批准的项目可以依据相关规定申请工作许可(work permit)外,缅甸现阶段尚无专门的工作签证,在缅甸工作的外国人,一般采取办理70天商务签证,到期后出境后再入境("飞签")的方式,或者办理1年多次往返的商务签证(最长可以365天出境一次)来解决缅甸工作签证的问题。目前,缅甸相关部门正在研究工作签证相关问题,尚没有正式法律或文件出台。商务签证办理手续。

(一)劳动卡片(Labour Card)

根据缅甸政府规定,外国人在缅甸长期经商,若需办理签证延期,首先要办理劳动卡。办理劳动卡片需要以一个当地合法注册登记的公司雇员身份到缅甸劳动部门申请办理,还需提供相片并交费。

(二)办理签证展期(VISA Extension)、逗留许可(Stay Permit)

办理劳动卡后,办理签证展期及逗留许可同样需要当地合法注册登记公司出具证明并到商务部门办理手续,然后再到缅甸移民局办理签证展期及逗留许可。一般一次可展期3个月到1年,也需提供相片并交费,签证逾期,每日罚款3美元。

---

① 参见鷦鷯谷:《缅甸法律概论》,载道客巴巴网:http://www.doc88.com/p-4384135279676.html,最后访问日期:2020年4月30日。

（三）办理外国人登记证（Foreigner Registration Certificate，F. R. C.）

凡到缅甸居住时间超过3个月（90日）者，均需提前到国家移民局办理外国人登记证，需提供相片并交费，逾期未办者将被罚款。凡到缅甸后1个月内申请办理外国人登记证的外籍经商者只需交纳9美元，超过1个月的申请者则需交纳18美元。

（四）办理多次往返签证（Multiple-entry Visa）

往返签证有多次往返签证和一次往返签证。多次往返签证有效期一般有3个月、半年和1年3种，一次往返签证有效期一般为1个月。①

三、最低就业年龄

根据缅甸《劳动法》，缅甸的最低就业年龄是14岁。根据2016年修订的《1951年工厂法》，14岁以下的儿童不得从事工作。年龄在14～16岁的儿童，每天最多工作4小时，且不得在下午6点至早上6点进行夜班工作。所有儿童的工作时间应限制在不能重叠两班制，并只能在一间工厂工作。星期日是儿童工作者每周的法定休息日。

根据缅甸2016年修订的《商店和企业法》，14岁以下的儿童不得在任何商店、商业机构工作。年龄在14～16岁的儿童不得在下午6点至早上6点进行夜班工作。未满18周岁的劳动者，不得在特别标识出来的危险劳动条件下工作。

每个儿童都有权在《1993年儿童法》的规定下依照法律和自己的意志从事工作。劳动部门将依法保护和保障儿童在工作场所的安全，防止儿童受到侵犯和丧失劳动权利。此外，《1993年儿童法》禁止雇用或允许儿童从事危害儿童生命或可能导致儿童疾病或损害儿童品德的工作。

尽管相关法律对儿童权益加以严格保护，但事实上，缅甸却是世界童工状况最糟糕的国家之一。2014年缅甸人口和住房普查报告显示，在缅甸10～17

---

① 参见《缅甸签证指南》，载《出国与就业》2005年第12期。

岁的青少年中,每5个就有一个辍学去做劳工,其中很多孩子在并未达到法定最低年龄14岁就已经开始工作。因此,为树立负责任的外商投资形象,中国投资者应主动遵守当地法律,以实际行动帮助投资地创建一个公平、安全、正义的用工环境,减少对儿童的伤害。①

四、工作时间

缅甸的多项法律均对营业时间和工作时间进行了规定。2016年《商店和企业法》规定的工作时间为每天8小时或每周44小时,每周工作时间最多不超过48小时。员工在连续工作4小时后,可以至少休息1小时。此外,超过规定时间工作的需要支付加班费。同时,需要注意的是,缅甸不同法律对工作时间有不同的规定。例如,《1951年工厂法》规定连续性工作每周工作时间为44小时,其他类型的工作时间为每周48小时。

根据新劳动合同模板,常规工作时间以及用餐、休息时间应当详细列出,如果根据企业性质需要,可以根据法律规定,通过协商一致进行调整。

雇主应当保证雇员每周至少1天的休息日,一般而言,周日应当被指定为休息日。在必要时,如基于企业的性质,可以在雇员和雇主协商一致的基础上,指定1周的其他1天作为休息日。如果雇员在休息日工作,他享有在其他日期内选择1天休息的权利。

五、法定节假日

缅甸法律规定,用人单位在法定节假日内须向劳动者支付全额工资。依据《假期和假日法》,如法定节假日与周末或其他假期重合的,则无须另行休假。缅甸节日分为两类:法定节日和民间节日。节日在缅甸民众生活中占有重要地位。

① 参见胡文娟:《在缅甸投资服装业,企业供应链应如何避免童工风险》,载《WTO经济导刊》2016年第6期。

法定节日如下：

1. 1月4日独立节，纪念缅甸1948年1月4日独立日；

2. 2月12日联邦节，纪念1947年2月12日昂山签署《彬龙条约》，决定成立缅甸联邦；

3. 3月2日农民节，纪念1945年3月2日抗日胜利；

4. 3月27日建军节，初为抗日节，1955年改为建军节；

5. 5月1日工人节，即国际劳动节；

6. 7月19日烈士节，纪念1947年7月19日昂山将军等人遇难；

7. 12月1日民族节，纪念1920年12月1日仰光大学学生抗英罢课。①

六、加　班

依据法律，用人单位和劳动者可以就加班时间进行协商。每天工作超过8小时或每周工作超过48小时，均应视为加班，而无论实际工作时间是否超过48小时。加班费为基本工资的两倍。根据《2016年商店和企业法》的规定，每周的加班时间最多不超过12小时，遇紧急情况每周最多不超过16小时。对于每周休息日工作的，员工可另外享受替补休息日。如果又不得不在替补休息日进行工作，员工工资需按现行法律进行支付。然而，事实上，具体法律对工作时间又有不同的规定，如《1951年工厂法》，导致实践中很难操作。

从缅甸的工作时间与加班制度可见，不同行业、不同法律对劳动者的要求并不一致，给劳资双方权利保障均造成障碍，这也要求外国投资者须熟悉相关法律，了解劳动力市场状况，并对拟投资的行业用工状况及薪资状况有所了解，在不侵害劳动者权益前提下，节约劳动力成本、提高生产效率。

七、最低工资标准

根据2015年《第1号通知》，缅甸的最低工资标准涵盖了除少于15名员工

---

① 参见中华人民共和国驻曼德勒总领馆：《中国公民赴缅须知》，载中华人民共和国驻曼德勒总领馆网：http://www.fmprc.gov.cn/ce/cgmandalay/chn/lsfw/lsbh/t1100014.htm，最后访问日期：2020年4月30日。

的小企业和家族企业以外的所有劳动者，包括商业领域、生产服务领域、农业以及畜牧业等领域。对于最低工资标准，无论是永久性工作，还是临时性工作，无论男女，均不受歧视地平等享受此项权利。

缅甸工人每天工作8小时，最低工资为每天4800缅元。这里的最低工资，是指劳动者在小时制、日制、月制，甚至兼职工作中获得的工资。其中，工资包括奖金和加班费，但不包括津贴、退职金、社保、旅行津贴、住所、膳食、电费、税费、关税、税收、医疗、娱乐费用及遣散费。

如果劳动合同中的最低工资低于法律规定的最低工资标准，劳动者有权按照法律规定的最低工资标准要求雇主支付薪资。如果劳动者已经工作两周及以上，则可以享受不低于法律规定的每周最低工资。当然，最低工资制度也规定，不具备工厂、车间、部门等工作技能的劳动者需要在试用期间进行技能培训。尽管《雇佣和技能发展法》规定了关于协商试用期的可行性，但是该法并未明确细节。新的劳动合同模板并未设定试用期的上限，但实践中通常不超过3个月，如果雇主认为试用期不必要，可以不约定试用期。用人单位可以根据劳动者的工作技能以及工作水平适当提高薪酬，但不得以低于《最低工资法》规定的最低工资和福利待遇向劳动者支付工资。商业领域以及生产服务领域的用人单位可以现金的方式向劳动者支付最低工资。此外，在一些地区，根据劳动者的意愿，用人单位也可以部分现金、部分产品的形式发放薪水。在实践中，尤其是在农业和畜牧业领域，根据当地风俗，或依照集体合同约定，或依大多数人的意愿，这种支付方式更盛行。因为在当地，劳动者正好需要相关农产品用以家庭生活。

用人单位在没有正当理由的情况下无权克扣劳动者的工资，但根据2016年《工资支付法》的规定，当出现以下情形时，用人单位可以扣除劳动者工资：

（1）根据法律规定，不在公共假期也未请假的情况下，无故旷工；

（2）未缴纳住宿费、伙食费、水电费、税费等工资以外的费用；

（3）根据劳动合同提前发放、消费、分配、支取薪水；

（4）仲裁委员会判决固定扣除其工资；

（5）劳动者未能妥善处置，故意或者过失损害了公司财产；

（6）劳动者违反劳动合同或部门制度，受到罚款处罚。

除劳动者未履行工作职责外，劳动单位扣除的工资不能超过劳动者工资的

50%,如果是由于家人或父母去世未能工作,用人单位不仅不能扣除工资,还应安排其休假处理家庭事宜。《工资支付法》对工资支付方式进行了强制性规定。用人单位须按约支付工资,不得出现劳动者工作超过1个月还未领取工资的情况。同样,对于不支付最低工资的用人单位,《工资支付法》也规定了处罚措施,若违反规定,用人单位负责人将会受到不超过1年的监禁处罚,并处或单处罚金50万缅元。出现紧急情况,如自然灾害、用人单位破产、劳动者及其代理人缺席领取工资等,法院可判决用人单位暂缓支付工资或者免除其支付工资的义务。

缅甸国家劳工最低工资标准制定委员会每两年会通过发布通知的方式对最低工资标准进行调整。根据2013年《最低工资法》规定,用人单位必须将最低工资标准告知劳动者并遵守法律规定。未尽告知义务的用人单位负责人将会受到6个月的监禁,并处或单处罚金30万缅元。通知法令公布后,不影响劳动者领取薪酬,享受休假的权利。

缅甸经济特区内的企业不受最低工资标准的限制,相关经济特区管理委员会在联邦政府授权后可以在缅甸劳工最低工资标准制定委员会指导下单独在特区内制定标准。尤其对外商在经济特区投资的企业或者合资企业,相关经济特区管理委员会要求对外商企业内的缅甸劳动者依据其技能享受与外籍员工相近的最低工资标准。

并且,依据法律,在最低工资标准基础上,投资者应当向所雇用的劳动者支付合理的薪水而不限于最低工资。根据缅甸2017年发布的有关劳工最低工资的通知,其规定的最低工资为4800缅元/天。根据对多家在缅甸设立的加工厂等进行的抽样调查,基础劳工的工资水平一般在每月120~150美元(USD),尽管各投资地区工资水平有一定的差别,但总体而言,缅甸工资水平可参考下表(见表6)。①

表6 缅甸月平均工资水平 单位:美元

职位	参考月平均工资
无技能工人(无经验)	70~120
无技能工人(有经验)	120~320

① 参见CLB中国法律事务所:《外商在缅开展业务重点关注事项之劳工使用》,载CLB中国法律事务所官网:http://www.clb.com.mm/index/detail-50.html,最后访问日期:2020年4月30日。

续表

职位	参考月平均工资
办公室职员(无经验)	120～320
办公室职员(有经验)	200～500
初级专业人员	250～500
中级管理人员	300～500
高级专业人员(如首席会计师等)	600～1200

八、休　　假

缅甸法律规定了多种休假形式,2014 年修订的《1951 年假期和假日法》对休假进行了规定,但相关规则的执行还须依照其他法律的规定。

(一)事假

劳动者每个工作年度可享受 6 天的事假,如 1 年内未休满,则将被取消。除遇宗教或社会事务外,一次性连续休假不得超过 3 天。此外,事假不得与其他假期同时休。

(二)累计假期

如果雇员已经连续工作 12 个月,且每月至少工作 20 个工作日,每年可享有至少 10 天连续或不连续的带薪休假。如果每个月没有至少 20 天的工作时间,一天的工作时间可以从最低应得休假中扣除。如雇主与雇员协商一致,雇员应得的假期可以累计并延续至多 3 年。

(三)病假

如劳动者工作期满 6 个月,则每年可享受 30 天的带薪病假。如工作未满 6 个月,则可享受 30 天无薪病假。病假与累计假期同时享受。如 1 年内未休满则自动作废。

根据 2012 年《社会保障法》的规定,投保的劳动者在遭遇工伤或者疾病时还可享受额外的工伤假,并有权在以下地方获得医疗照顾:(1)社会保障委员会所属的诊所及医院;(2)与社会保障委员会签署协议的国有或私人医院、诊所或者经过社会保障委员会许可的用人单位医院、诊所。

根据《工人赔偿法》的规定,在遭受工伤事故后,劳动者有权获得工伤补偿,但是在其他情况下无法获得医疗补偿。

(四)产假

劳动者自分娩前6周到分娩后8周内,可享受14周的带薪产假。产假可以和病假同时休。此外,如果是双胞胎,劳动者可享受额外的4周假期;如果流产且不是非法堕胎,最多可享受6周的假期。根据现行法律,如果登记收养1岁以下的婴儿,劳动者有权享有不超过8周的假期照顾婴儿。这种休假只适用于领养1个婴儿的情况。

根据《社会保障法》的规定,如果劳动者最低工作年限满1年,并且在1年内缴纳社会保险至少6个月以上,当女性怀孕时,男女双方均可享有产假福利金。投保的女性劳动者在产假期间可一次性获得年平均工资70%的产假福利金,另外还有月基本工资的50%作为产妇营养费,如果是双胞胎,则是75%;三胞胎可享受1个月的基本工资作为产妇营养费。一旦发生流产,在产假期间孕妇额外享有70%的基本工资。

男性劳动者在妻子分娩后可享受15日的陪产假。如果双方均缴纳社保,男劳动者享有上一年基本工资的70%作为产假福利金;如果孕妇未缴纳社会保险,则享有上一年度基本工资的50%作为产假福利金。

九、合同的终止

如果用人单位提出终止劳动合同,需通知劳动者,并向劳动者支付法定的经济补偿金。根据劳工、移民和人口部的合同模板,劳动者可以依据约定或劳动规则终止劳动合同。用人单位在试用期终止劳动合同,需提前1个月通知,并给出充分的理由。终止固定期限劳动合同,需提前1个月通知,并支付经济补偿。而劳工、移民和人口部出台的2015年《第84号通知》对终止劳动合同时用人单位应支付给劳动者的补偿金数额作了规定。

十、辞　职

雇员辞职应至少提前1个月通知雇主。尽管劳动合同模板规定了雇主同意的条款，但一般而言辞职是单方行为，并不需要批准，除非有最低服务时间或者培训协议。雇主应允许雇员辞职，并支付其在实际工作期间的任何未支付的工资，以及剩余的带薪假期的补偿，但不要求向雇员支付遣散费。

十一、解　雇

根据法律规定，雇主不需要向被解雇雇员说明其被解雇的理由。然而，根据劳工、移民和人口部的惯例，雇员只能因劳动合同或工作规则中规定的原因被解雇或终止工作。按照新的劳动合同范本，解雇雇员应当采用书面形式并签字，用人单位应当对终止劳动关系的原因进行记录。

新劳动合同模板还对因为雇员违规而辞职的情况进行了规定。对于普通的不当行为可于当事人第一次、第二次违规时给予书面警告，对于第三次违规可要求当事人签署承诺。如在承诺书作出后12个月内其有任何违规行为，雇主有权解雇雇员而无须支付遣散费。如果在承诺书签署后或任何普通不当行为后的12个月内没有任何违规行为，则该雇员先前的所有违规行为均应被取消。由于劳动合同模板对严重不当行为的后果没有规定，因此，可以假定立即解雇是允许的。雇主可以将劳动规则作为劳动合同的附件，规定不同种类的不当行为和违规处罚。具体如下：

1. 如雇员的行为违背了其必须承担的工作义务，且雇主已经正式发出3次或3次以上警告的情况下，雇主可以解雇雇员且不承担任何遣散费。

2. 除前述情况外，雇主如要解雇其所雇用的、并在此前连续为其工作的雇员，则须根据雇员最近一次的薪资（不包含加班费）向雇员支付遣散费。具体规定如下：

（1）雇员为该雇主工作满6个月且不满1年的，雇主应向雇员支付0.5个月薪资的遣散费；

（2）雇员为该雇主工作满1年且不满2年的，雇主应向雇员支付1个月薪资的遣散费；

(3)雇员为该雇主工作满2年且不满3年的，雇主应向雇员支付1.5个月薪资的遣散费；

(4)雇员为该雇主工作满3年且不满4年的，雇主应向雇员支付3个月薪资的遣散费；

(5)雇员为该雇主工作满4年且不满6年的，雇主应向雇员支付4个月薪资的遣散费；

(6)雇员为该雇主工作满6年且不满8年的，雇主应向雇员支付5个月薪资的遣散费；

(7)雇员为该雇主工作满8年且不满10年的，雇主应向雇员支付6个月薪资的遣散费；

(8)雇员为该雇主工作满10年且不满20年的，雇主应向雇员支付8个月薪资的遣散费；

(9)雇员为该雇主工作满20年且不满25年的，雇主应向雇员支付10个月薪资的遣散费；

(10)雇员为该雇主工作满25年及以上的，雇主应向雇员支付13个月薪资的遣散费。①

十二、社会保险

2012年缅甸《社会保障法》规定，用人单位须为劳动者建立社会保险基金，该规定于2014年4月1日正式生效。这意味着，投资者须注册并出资建立社会保险基金，该部分资金由用人单位和劳动者共同缴纳，劳动者缴纳其工资的2%，用人单位缴纳3%。依据该法，社会保险基金承保范围包括疾病、生育、死亡、就业、伤害、伤残及退休金。依法缴纳社会保险金的劳动者，有权享受社会保险待遇。

依照《社会保障法》的规定，如果用人单位雇用的劳动者人数超过5人，适

---

① 参见仓老师：《在缅甸的中资企业雇佣当地人，要注意些什么?》，载知乎官网：https://www.zhihu.com/question/20500723/answer/229159741，最后访问日期：2020年4月30日。

用社会保障法强制登记办理条款。依据劳动部门与社会保障委员会的要求，需要办理强制登记的单位如下：

（1）生产加工产品的企业、电力工厂、仓库等，无论是否完全机械化管理；

（2）从事商业业务的政府部门、政府组织和区域行政组织；

（3）开发机构；

（4）金融机构；

（5）开展商业业务的公司、协会及附属机构、分公司等部门；

（6）商店、大型商业公司；

（7）地方行政机构所属的或经其许可，从事商业经营或运输业务的政府部门和政府机构；

（8）雇用劳动力进行为期 1 年及以上的建筑工程；

（9）外国投资者，本地投资者或者合资公司建设的工厂；

（10）现行法律允许的采矿，开采宝石的工厂；

（11）现行法律允许的开采石油，天然气的企业；

（12）现行法律允许的港口企业；

（13）管理货物装卸工人的机构；

（14）劳工部及其附属部门和机构；

（15）其他经联邦政府许可，在劳动部门与社会保障委员会沟通协调下确定的单位。

2012 年《社会保障法》第 12 条第 1 款提及的合同，未规定强制办理社会保险的用人单位可以自愿办理，如下：

（1）不从事商业业务的政府部门、政府组织和区域行政组织；

（2）国际组织和外国驻缅使领馆；

（3）带有季节性性质的农业和渔业企业；

（4）非营利性公司、协会和机构；

（5）运行不超过 3 个月的公司；

（6）只有家庭成员组成的私人公司；

（7）非商业目的的国内服务业；

（8）《社会保障法》第 99 条豁免的公司。

同时，该法为那些在缅甸工作，却不适用社会保障和福利制度各项规定的劳动者提供了一项享受社保的政策，凡是：

(1)根据现行法律未达到工作年龄的劳动者或已经开始领取退休金的劳动者；

(2)街边摊商；

(3)日工资结算工人、计件工人，兼职劳动者或者外来短工；

(4)其他经联邦政府许可，在劳动部门与社会保障委员会沟通协调下不适用社会保障制度和福利的各项规定的劳动者。

这些劳动者可以自愿申请登记缴纳社会保险金，之后则可以享受法律规定下的保险和福利。

用人单位和劳动者也可以协商自愿缴纳社会保障住房计划基金，缴纳此项基金的劳动者有权在法律规定下优先获得贷款购买房屋，有权以任何方式出租、转让、购买、销售房屋。未缴纳住房计划基金的劳动者在保障房以外亦有权行使以上权利。外国劳动者在缅甸工作同样适用《社会保障法》。

十三、争议解决

依据缅甸法律，用人单位之间、劳动者之间或用人单位与劳动者之间产生的纠纷，应依据相应机制加以解决。缅甸的劳动争议解决机制由2012年《劳动争议法》进行调整。个体间劳动争议由工作场所协调委员会解决，工作场所协调委员会由4人组成，一方代表劳动者、一方代表用人单位。目前，法律只强制要求拥有30名雇员以上的企业建立工作场所协调委员会。委员会有权组织双方磋商，它也可作为劳动者签署集体合同、进行投诉的场所。少于30名雇员的企业法律对其建立工作场所委员会无强制要求，一旦发生劳动纠纷，用人单位须尽快出面协商、调和，与劳动者或劳动代表及时对话解决纠纷。用人单位或劳动者一方可向调解机构进行申诉，如对调解机构的处理结果不满意，则可向法院提起诉讼。调解机构应当将未达成和解的集体纠纷提交有关仲裁机构。如对处理结果不满，则可向仲裁委员会申请，依照有关法律停业或罢工。仲裁委员会则依法组成仲裁庭审理并作出裁决，该裁决为最终裁决。

十四、用人单位的责任

依据缅甸法律,用人单位仅在劳动合同约定事项范围内,对劳动者的行为负责。一旦发生工伤,则可适用 2012 年《社会保障法》,同时,也可以适用 2015 年修订的 1923 年《工人赔偿法》,而由用人单位对工人因工伤及职业病所造成的损失承担赔偿责任。但劳动者工伤抚恤金的发放则只能是在规定情形下,且只适用于在社会保险系统强制登记的公司。

根据《社会保障法》的规定,工伤是指劳动者在工作过程中或者工作上、下班途中,由于履行工作义务或者为了工作事宜所导致的受伤、死亡以及职业病等伤害。但因故意不遵守有关工业安全的命令和指示、规章制度,不使用规定的安全装置、饮酒或使用毒品,所造成的伤害不在工伤范围内。任何人不得在未经社会保障委员会同意的情况下担保、转移或接受社保福利,并以不诚实的方式申领社保金和雇佣损害赔偿。

2015 年新修订的 1923 年《工人赔偿法》规定,用人单位有责任向遭受工伤的劳动者支付赔偿金,向社会保障计划缴纳基金的用人单位可以免付赔偿金。而《社会保障法》也要求用人单位应保护劳动者免受工作场所的物理设施、有害物质和环境因素所引起的职业危害。

依《社会保障法》的规定,为了避免出现工伤、疾病,确保劳动者熟悉工厂安全指南,用人单位和劳动者都必须遵守社会保险委员会和保险机构的指示。并且,因用人单位疏忽或违法行为造成劳动者受伤的医疗费用以及其他法律诉求,用人单位须全权负责。

最近,缅甸劳工、移民和人口部提交了一个专门处理外国人事务的法律议案,该议案对与外国人有关的事宜进行了专门规定,内容包括:外国人登记证书;临时旅行和重新安置;外国人的义务;为外国人提供私人住宿的房东的义务;登记和移民主管人员的权力和义务;违法行为及惩处措施;停职,驱逐令的取消和撤回;外交官和联合国成员的保释许可及豁免权。并且,依据该议案,缅甸原有的《外国人法案》、《外国人登记法案》、1949 年《外国人(附加)法案》以及《外国人登记(附加)法案(1949)》则依据该法(议案)而废止。这意味着,一旦该法案获得通过并生效,原有法律便不再发生效力。

除上述法律议案外，另一部与外国劳动者相关的法律议案也正在进行审议，该议案则旨在保护外来劳动者权利、提高本地工人的技能和技术水平、提高劳动生产力、对外籍工人进行系统管理和监督等。该项法律议案的内容还包含外籍工人及其用人单位的权利和义务；设立外籍工人基金；违法行为和处罚措施等内容。但外交官员、联合国及其附属机构的工作人员，根据缅甸联邦政府和外国政府或国际组织之间的条约履行职能的工作人员，赴缅的外国游客和为学术目的来访的学者不适用该法律议案的规定。

此外，根据现行缅甸法律，用人单位必须依照有关法律和有关劳动部门的规定，遵守职业卫生和安全规定。《职业安全卫生法》已于 2019 年 3 月 15 日由缅甸联邦议会以 2019 年第 8 号法律形式颁布。该法将于总统签署通知规定的日期生效。

第六章　税　收

一、概　　述

缅甸议会于 2019 年 9 月 24 日通过《2019 年联邦税法》，该法自 2019 年 10 月 1 日生效。联邦税法分年度对现行税率及征税范围进行调整。此次新税法调整了财务年度，继过渡财年后，财务年度都将统一为每年的 10 月 1 日至次年的 9 月 30 日。

2019 年 6 月 7 日，缅甸议会通过《税收管理法》，该法自 2019 年 10 月 1 日起生效。《税收管理法》旨在为缅甸所有纳税人提供有关税务事项的指导并简化行政程序，保持各相关税法管理上的一致性，有效征收税收，更准确地界定纳税人和国内税收部门之间的权利和义务，使纳税人的自我评估系统（self-assessment system）更高效、全面。

《税收管理法》共 12 章，总 86 条，该法适用于商业税、所得税、特殊商品税和其他税。其中，涉及税收管理的主要规定有：纳税识别号（Tax Identification Number）；完税证明（Tax Clearance Certificate）；纳税人的权利和义务；申报表的提交、缴税、交纳的日期及延期；退税；逾期和超额缴纳税款的利息；因非征收风险而进行的预税评估;追讨税款;控制、扣押和出售资产等。

(一)现行税收法律法规

与缅甸税收有关的主要法律法规共9类,具体如下:

(1)2019年《联邦税法》;

(2)2019年《税收管理法》;

(3)1974年《所得税法》(2011年11月修订),2012年《所得税法实施细则》;

(4)1990年《商业税法》,后经1991年、2011年、2014年多次修订;2012年《商业税条例》;

(5)1899年《印花税法令修正案》、1935年《印花税条例》、2014年《缅甸印花税法修订版》、2016年《第146号印花税通知》;

(6)1878年《海洋海关法》(2015年修订);

(7)1924年《陆地海关法》;

(8)1992年《关税法》;

(9)2016年《缅甸投资法》。

其中,与外资直接相关的税收法律共有7部,分别为2019年《联邦税法》、《税收管理法》、《投资法》、《所得税法》、《商业税法》、《关税法》以及《仰光市政发展法》。

(二)税收体系

缅甸纳税实行属地税制,企业按月或按季度,按照计划财政部的要求纳税。所得税、商业税及印花税由计划财政部的国内税收部门收取,关税由计划财政部的关税部门收取。目前,缅甸基本上建立了以商业税为中心的间接税与以企业所得税和个人所得税为主的直接税相结合的现代税制。缅甸主要的直接税为企业所得税、个人所得税,主要的间接税为商业税、印花税和彩票税。其中,商业税类似增值税。

缅甸的财政税收由5个部所属的6个局管理。缅甸财政税收体系包括对国内产品和公共消费征税、对收入和所有权征税、关税、对国有财产使用权征税4个主要项目下的15种税费。以上税收由不同部门管理,其中,缅甸国家税务总局管理超过89%的税费。

自2019年10月1日起，缅甸主要实施的税种和税率的基本情况如下：

【企业所得税】相关的企业在根据《所得税法》第6部分之规定扣除减免部分前，须在总盈利基础上缴纳25%的所得税。

【个人所得税】根据《2019年联邦税法》，个人所得税的征收实行超额累进税率。年收入在480万缅元以下的个人无须缴纳所得税。

【商业税】缅甸政府对境内生产、销售及进口的商品和服务的营业额征收商业税（Commercial Tax）。

【资本利得税】在缅甸，通过销售、交换及转移资产所获得的收益应缴纳资产利得税（Capital Gain Tax），属于所得税的范畴。

【印花税】依据缅甸《印花税法》（Myanmar Stamp Act），缅甸政府对不同类型的、需要加盖印花的契约文书征收印花税。

【彩票税】昂巴勒国家彩票是缅甸唯一的官方彩票，于1938年设立。国家彩票委员会是发行彩票并征税的唯一合法组织，2005年11月一等奖达到5000万缅元，60%的销售所得用于奖金，40%用于彩票税。

【关税】2017年10月1日，缅甸根据WCO HS2017及东盟相关税则，编制完成并公布新的2017年版关税表。①

二、所　得　税

所得税，是指个人和法人团体等就来自缅甸境内和境外（如适用）的所得，按照既定税率缴纳的直接税。

所得税中的所得对应7种收入来源，分别是工资、职业、商业、财产、资本收益、不受监管的收入来源和其他收入来源。所得税的种类主要包括企业所得税、个人所得税、资本收益和预提所得税。

对于所得税的征收，外国人和外国组织被分为居民纳税人和非居民纳税

① 参见中华人民共和国商务部：《对外投资合作国别（地区）指南之缅甸》，载中华人民共和国商务部对外投资和经济合作司"走出去"公共服务平台网：http://fec. mofcom. gov. cn/article/gbdqzn/#，最后访问日期：2020年4月30日；国家开发银行编著：《"一带一路"国家法律风险报告（上）》，法律出版社2016年版，第320页。

人。根据所得税法,居民纳税人包括:

(1)个人,一个完整的财年,有收入的外国人在缅甸居住不少于183天;

(2)公司,须是根据《公司法》或任何其他现有法律设立,股东全部或部分是外国人的公司;

(3)除公司以外的协会,该协会会员全部或部分由外国人组成,协会事务的控制、管理和决策地点均在缅甸联邦境内。

非居民纳税人是指除上述情况以外的情形。

(一)企业所得税

企业所得税是法律规定企业须缴纳的税费。根据《所得税法》,企业所得税的纳税主体为国有经济组织、合作社和经特别许可的外国组织,以及外国企业分支机构、合伙企业、合资企业等。[①] 企业所得税以公司在每个营业年度进行经营活动所获得的净收入为基础进行征收。《2019年联邦税法》及1974年《所得税法》对企业所得税进行了规定。

依据《2019年联邦税法》之规定,依2017年《缅甸公司法》或1950年《特别公司法》在缅甸注册成立的公司、国有企业和经缅甸投资委员会许可成立的企业,一律按照25%的统一税率缴税。

非居民企业和居民企业的企业所得税率统一为25%。国外分支机构被认为是非居民企业,这也就意味着外国公司的分公司也按照25%的标准缴纳企业所得税。一般来说,居民企业要就世界范围内所获得的收入纳税。因此,来自缅甸以外的收入是应纳税的。而非居民企业仅以来自缅甸境内的收入额纳税。如果企业符合缅甸公司法或其他缅甸法律,且对企业事务的控制、管理及决策均在缅甸境内执行,则该企业视为缅甸的居民企业,而一般外国企业的分支机构通常被视为非居民企业。[②]

---

① VDB Loi, *Myanmar Tax Booklet*, Myanmar, VDB Loi Co. Ltd. ,2018, p. 2.

② 参见佚名:《缅甸税收体系》,载南博网:http://myanmar. caexpo. com/swzn_md/sz_md/2010/11/24/3508231. html,最后访问日期:2020年4月25日。

(二)预提所得税

2018年6月18日,缅甸计划财政部发布了2018年第47号通知(以下简称第47号通知),对缅甸现行的预提所得税的相关规定进行了调整,该通知于2018年7月1日生效。根据第47号通知,缅甸国民、居民纳税自然人以及居民企业支付的商品和服务款项,付款人不再需要预提所得税。

但该通知同时规定,缅甸政府组织、国营企业等主体就发生在缅甸境内的商品或服务向居民纳税人支付的款项仍需要预提所得税;向非缅甸常居的外国主体支付的费用仍需要预提所得税(见表7)。

表7 缅甸预提所得税税率 单位:%

预提所得税		居民企业	非居民企业
利息		0	15
许可证、商标、专利使用权		10	15
服务或货物	费用支付方为缅甸政府部门、政府组织、国营企业购买	2	2.5
	其他类型的费用支付方	0	2.5

此外,较之前规定向居民纳税人年度付款金额超过150万缅元的起征点,第47号通知将预提所得税的年度金额降低至100万缅元,但对于非居民纳税及非居民企业,则不适用起征点。

(三)避免双重征税协定

如果非居民出示了相应国家的国内税收部门的居住证明,且该国已经与缅甸签订避免双重征税及逃税协定,则应缴税额应根据与有关国家缔结的协议规定予以扣减。

迄今为止,缅甸共与8个国家签订了避免双重征税协定,即英国、印度、韩国、老挝、马来西亚、新加坡、泰国和越南。

(四)资本利得税

资本利得税(Capital Gain Tax)是对所规定资本资产(Capital Asset)的出售、交换或转让所得收益征收的税。根据缅甸法律的规定,所有符合资本资产规定的财产都将受到出售、交换或转让这些资产所获收益的所得税制度的约束，包括土地、建筑物、车辆以及企业的其他资本资产，如股票、债券和类似的证券。无形资产也属于资本资产。

在一个财务年度内，资本利得税的起征点为1000万缅元。超过起征点，将根据《2019年联邦税法》的规定，按照10%征收资本利得税。石油和天然气行业纳税人应按照40%～50%的比例缴纳。资本利得税须在资产出售、交换或转让之日起30日内缴纳（见表8）。

表8　缅甸资本利得税

<table>
<tr><th>缴纳主体</th><th>资本利得（缅元）</th><th>税率（%）</th></tr>
<tr><td rowspan="3">企业
（油气领域）</td><td>不超过1000亿</td><td>40</td></tr>
<tr><td>1000亿～1500亿</td><td>45</td></tr>
<tr><td>大于1500亿</td><td>50</td></tr>
<tr><td>居民企业
（非油气领域）</td><td colspan="2">10</td></tr>
<tr><td>非居民企业（包括分支机构）
（非油气领域）</td><td colspan="2">10</td></tr>
<tr><td>起征点</td><td colspan="2">1000万</td></tr>
</table>

（五）个人所得税

1. 纳税主体

依据缅甸法律，缅甸个人所得税的纳税人分为居民纳税人和非居民纳税人两种。其中，缅甸的居民纳税人分为缅甸籍居民纳税人及外籍缅甸居民纳税人。

（1）居民纳税人

居民纳税人分为缅甸居民及外籍缅甸居民。

外籍人士某财务年度内在缅甸居住时间超过183天，即构成外籍缅甸居民纳税人。

（2）非居民纳税人

一个财务年度内，在缅甸居住时间少于183天的个人为缅甸的非居民纳税人。

2. 个人所得税税率

所有的缅甸公民都应被视为应税居民。缅甸公民应就缅甸境内外获取的全部收入缴税。非缅甸居民的外国人仅就其源自缅甸的收入,向缅甸政府上缴个人所得税。年收入在480万缅元以下的个人,无须缴纳所得税。所得税的征收遵照超额累进税率(见表9)。

表9 缅甸个人所得税税率

序号	个税纳税阶梯 (Income Brackets for Assessing Income Tax)		区间额度	区间税率(%)	区间纳税额(缅元)	累计总额(缅元)
	自	到				
1	1	2,000,000	2,000,000	0	0	0
2	2,000,001	5,000,000	3,000,000	5	150,000	150,000
3	5,000,001	10,000,000	5,000,000	10	500,000	650,000
4	10,000,001	20,000,000	10,000,000	15	1,500,000	2,150,000
5	20,000,001	30,000,000	10,000,000	20	2,000,000	4,150,000
6	30,000,001	30,000,000以上		25	—	

(六)租金收入

根据《所得税法》(2011年修订)的规定,任何人从土地、建筑物或公寓出租中获得的全部收入,在扣除减免税部分后,应单独按租金收入总额的10%缴纳所得税。

(七)所得税的减免

除了各法对不同类型的所得税有不同的减免规定外,《2019年联邦税法》明确规定,仰光证券交易所上市公司所得收入,计划财政部有权经联邦政府同意,将按20%的优惠税率征收企业所得税。

三、商 业 税

(一)商业税税率

缅甸商业税的主要法律为:1990年《商业税法》及《2019年联邦税法》,对国外进口货物、本地生产和销售、提供服务征收商业税。针对部分特殊商品，还需加征特殊商品税。

《商业税法》规定，国内生产或销售的各种商品，提供服务是根据销售收入征收商业税。进口货物是根据到岸价，即成本、保险费和运费（到岸价）加上关税费征收商业税的。商业税须以缅元缴纳。所有制造商、交易商及服务提供者均需登记缴纳商业税。

《2019年联邦税法》对商业税税率作了最新规定。若是在国内产销，须以销售额为基础缴纳5%的商业税；若是从国外进口，须以到岸价为基础缴纳5%的商业税。除获得免税待遇的30余种服务业外，其他服务业须以营业额为基础缴纳5%的商业税；国内航空公司须以客运收入为基础缴纳3%的商业税；开发商须以建筑销售额为基础缴纳3%的商业税；对于金银饰品的销售，须以销售额为基础缴纳1%的商业税。向国外销售的电力，须以销售额为基础缴纳8%的商业税；向国外销售的原油，须以销售额为基础缴纳5%的商业税。其他所有出口商品的商业税均为零。

《2019年联邦税法》细化并优化了豁免商品和服务清单的体例，有42个品类的商品、30余种服务享受免征商业税（见附录-9）。此外，如1年销售额（制造、服务及贸易）不超过5000万缅元，则免征商业税。

（二）特殊商品税

依据缅甸法律，对于国内生产的特殊商品，进、出口的特殊商品，除征收商业税外，还要征收特殊商品税。特殊商品如酒类，是根据酒瓶的体积（容量）按照累进税率进行征收的。进口商品以到岸价为基础计算进口特殊商品税。

特殊商品包括：各种香烟、烟草、弗吉尼亚烟草、方头雪茄、雪茄、烟丝、槟榔、各种白酒、各种啤酒、原木及木制品、货车、轿车、旅行车及除1501排量至4000排量双厢四门皮卡车外的车辆、煤油、汽油、柴油、航空燃油、天然气等。

根据《2019年联邦税法》，特殊商品税的税率根据特殊商品的种类而有所不同。税率从5%～80%（见附录-10）。

除原木外，所有出口产品的特殊商品税均为0。

此外，原本属于特殊商品税征税范畴的翡翠、红宝石、蓝宝石等贵重宝石，自2019年10月1日起，单独按照新增税种——宝石税征收。

(三)特殊商品税登记

国内特殊商品的制造商必须在生产前3个月向乡镇税务局申请登记。必须提供的文件有：

(1)国籍登记卡或护照复印件；

(2)许可证照片(2份)；

(3)特许权许可证复印件；

(4)工业主管许可证复印件；

(5)许可生产特殊商品的场所或地址名称；

(6)电机功率说明书；

(7)原材料情况说明以及原材料和成品比例表；

(8)特定商品制造商名称或特殊商品制造地负责人名字；

(9)特殊商品类型；

(10)生产特殊商品的工人数量；

(11)在注册的1个财政年度内,在核准的处所内生产的每种特殊商品的数量和价值；

(12)用于生产的建筑、区域和边界名称,围墙、建筑内部结构以及围墙类型名称。

在财政年度内,特殊商品出口商出口货物必须在清关前登记下列文件：

(1)国籍登记卡或护照复印件；

(2)许可证照片(2份)；

(3)出口许可证；

(4)国外购买订单。

特殊商品的进口商需要抵扣或退税的,必须到有关乡镇税务局的评估办公室进行登记。

特殊商品的制造商、进口商、出口商必须申请经批准的登记或延期表。

四、税 收 优 惠

不同税法可能都有相关的税收优惠条款,税收性质、种类等的不同导致其优惠条件及优惠幅度可能有所差异，外国投资者须仔细甄别并熟悉相关的制度性规定。

(一)缅甸《投资法》下的税收优惠

2016年《投资法》第18章规定了多种税收优惠的情形，但根据该法第77条的规定：免税期及优惠幅度取决于相关投资项目的地理位置及投资领域，并须由缅甸投资委员会决定。《投资法》第74条规定缅甸投资委员会有权减免一项或多项税收。

税收优惠主要分为3类，即所得税的免除及扣减，进出口关税的免除及扣减以及外国劳动者个人所得税税收优惠。

1. 所得税减免

根据2016年《投资法》第75条，缅甸正在推行新的分区制度，根据该制度，不同区域或地区的企业将享受不同的所得税优惠待遇：

(1)一区(缅甸欠发达地区)，最多可享受7年的免税期；

(2)二区(缅甸中等发达地区)，最多可享受5年的免税期；

(3)三区(缅甸最发达地区)，最多可享受3年的免税期。

缅甸投资委员会2017年2月22日发布的《开发区指定分类通知》具体对以上3类地区进行了划分。

2. 进口关税减免

经投资者申请，委员会在审查后可授予下列针对关税和其他境内税种的税收减免优惠：

(1)在投资项目建设期或筹备期间对确需进口的机械、设备、器材、零部件及无法在本地取得的建筑材料和业务所需材料，豁免和(或)减轻关税或其他境内税种；

(2)对为向出口的投资项目生产出口产品而进口的原材料和半成品，豁免和(或)减轻进口关税或其他境内税种；

(3)对为生产出口产品而进口的原材料和半成品，退还进口关税和(或)其他境内税种；及

(4)若经委员会批准增加投资体量以致投资期限内原投资项目规模扩大，在投资项目建设期或筹备期间对确需进口的机械、设备、器材、零部件、无法在

本地取得的建筑材料和业务所需材料的关税或其他境内税种的豁免和(或)减轻,亦相应调整扩大。

3. 其他激励政策

经投资者申请,委员会审核后,视具体情况,授予下列税收减免优惠:

(1)若将已获投资许可或投资认可的投资项目所得利润,在1年内再投资于同一项目或相似类型项目,则其所得税可以被豁免或减轻;

(2)为所得税纳税评估目的,自投资项目开始运营的年度起,给予以1个低于投资中所使用的机械、设备、建筑物或资产规定寿命的期限进行加速折旧的权利;

(3)自应纳税所得额中扣除与投资项目有关并为联邦经济发展实际需要的研发费用的权利。

(二)缅甸《经济特区法》下的税收优惠

缅甸2014年《经济特区法》规定,在经济特区开展业务的外国投资者,可享受税收优惠待遇。但因具体投资区域不同,其所享受的税收优惠待遇也有所不同。不同区域的经济区可分为如下几类:(1)免税区(Free Zone);(2)促进区(Promotion Zone);(3)其他区域(Other Zone)。缅甸经济特区税收优惠包括企业所得税优惠政策以及关税优惠政策。

1. 企业所得税优惠

就开发商而言,根据《经济特区法》第40条的规定,自商业运营之日起的第一个8年免征所得税;第二个5年享受所得税50%的减免优惠;在第三个5年,1年内利润再投资部分可以获得50%的所得税减免优惠。

就投资者而言,在不同区域的投资项目可以享受不同的所得税减免优惠政策(见表10)。

表10 缅甸企业所得税优惠

优惠政策	免税区	促进区
所得税豁免	自商业运营之日起7年	自商业运营之日起5年
所得税50%的减免优惠	免税期届满后5年	免税期届满后5年
利润再投资部分50%的减免优惠	上述期限届满后5年	上述期限届满后5年

此外,《经济特区法》第48条规定,对于开发商和投资者在经营期间产生的亏损,可以在亏损发生后5年内进行结转。

2. 关税优惠政策

针对投资者和开发商的优惠(见表11):

表11　缅甸投资优惠

开发商	免税区投资项目	促进区投资项目
进口基础设施及办公室建设所需材料、机器设备、汽车以及工作材料的,免征关税及其他税收	进口建设工厂、仓库、办公室所需的生产原材料及其设备、必要零件、建筑材料、汽车等免征关税及其他税收	自运营起第一个5年,进口设备以及零件、建设工程、仓库和办公室所需的建筑材料、业务所必需的车辆和其他材料的,免征关税及其他税收
—	进口实施免税批发贸易、出口贸易和运输服务所必需的贸易货物、运输货物、汽车和其他材料的,免征关税及其他税收	第二个5年,前述进口商品免征50%的关税及其他税目

3. 其他税收优惠政策

除前文所述的企业所得税和关税外,《经济特区法》还特别规定了商业税和增值税的优惠政策。

在免税区的投资项目可以申请获得商业税或增值税的豁免。而对于在促进区投资的项目,可以给予一定期限的商业税或增值税减免。此外,对于出口的货物,投资者可以申请商业税或增值税的免除或退税。

(三)缅甸《联邦税法》中的税收优惠

《2019年联邦税法》除对前述如所得税优惠等作了规定外,还专门针对中小企业的税收优惠予以了规定。根据相关规定,新成立的中小企业,如在第一个3年内营业额少于10,000,000缅元,则无须缴纳所得税;如超过这一金额,则只对其超过上述金额的部分征收所得税。

五、其他税费

(一)印花税

印花税是对某些法律凭证(如租赁合同或股权转让合同)所征收的税种,并要求在该凭证上有印戳或粘贴的印花税票。印花税主要分为两种,即司法印花税和非司法印花税。司法印花税主要用于司法目的,非司法印花税用于其他目的。未按程序缴纳印花税,将影响合同文件的效力。

根据缅甸的法律,应征收印花税的凭证类型及税率如下:

1. 转让财产的,征收财产转让价款或价值的2%,出售或转让不动产的,加收2%的印花税;

2. 转让股份的,按照股份价值的0.1%征收印花税;

3. 用债券提供担保的,按照担保债券价值的0.5%征收印花税;

4. 1~3年租期的租赁协议,按年租金的0.5%征收印花税;租期超过3年的,按年租金的2%征收印花税。

(二)关税

缅甸征收关税的法律依据除相关的国内法外,其所签署的相关国际协定也是其征收关税的重要法律依据。总体而言,除少数例外情况外,缅甸大多进口货物均应缴纳进口关税,并须据此向缅甸海关部门进行申报。目前,对机械、零部件、输入电路等征收的关税税率从0~40%。并且,对于某些出口货物也须缴纳出口关税。缅甸征收关税的基本原则是,依据最惠国关税税率和东盟货物贸易协定附件对进出口货物征收关税。与东盟国家进行的贸易依照东盟货物贸易协定征收关税,与东盟以外的国家交易则依照最惠国关税税率征税。需要注意的是,因缅甸已被列为最不发达国家之一,故可享有普惠制税率。

事实上,除前述涉及关税征收内容的法律外,缅甸征收关税的主要国内法依据是《关税法》。《关税法》共四章,将商品按统一代码分成6062个税目,具体税率如下:

(1)进口税:由24个税率组成,税率范围为0~40%;

(2)特许税:免税或最高为10%;

(3)出口税:大米及其制品,按每公吨10缅元计征;豆类及其他作物、油籽饼生皮和皮,5%;竹,5%;

(4)边境出口税:0~15%。

缅甸负责财税的部长有权根据《关税法》第3条的规定,确定对进口或出口商品进行免税或减税。为鼓励发展出口导向型项目,目前,缅甸政府对以下进口业务给予免税待遇:

(1)为来料加工出口的原材料;

(2)以切割、制作和包装方式进口而再出口的商品;

(3)为出口而进口的包装、材料。

此外,如果进口商品在海关监管的指定仓库内存放,则无须支付进口关税和其他税收,即使征税,如能在2年内将所进口的商品再出口,则可退还已征关税的一部分。①

2017年10月,缅甸发布《2017年缅甸关税税则》(2017 Customs Tarriff of Myanmar, Part Ⅰ, Ⅱ, Ⅲ),对海关税率作了最新调整。协调制度编码(Harmonized System Code, HS编码)下各货物关税税率,需要具体查询该税则后确定。

(三)财产税

缅甸的不动产(土地和建筑物)需要缴纳财产税。然而,由于缅甸明令禁止外国人对土地和不动产拥有所有权,因此,财产税总体而言与外国国民或外国公司无直接关系。尽管如前述,为了扩大开放,缅甸对外国人是否可以拥有不动产的法律已经有所松动(如2016年《公寓法》,允许外国人在缅甸购买公寓),但相关法律对外国人就不动产是否应缴纳财产税或如何缴纳目前还未明确规定。

---

① 国家开发银行编著:《"一带一路"国家法律风险报告》(上),法律出版社2016年版,第321页。

第七章　海关手续

货物进口到缅甸，即进入缅甸关税区；货物从缅甸出口，即离开缅甸关税区。依据缅甸相关法律，根据货物本身的商业或非商业性质，对不同的进出口活动适用不同的征税规则。进口到缅甸的货物及从缅甸出口的货物均由缅甸计划财政部的海关总署负责（海关）。海关负责评估和设计进出口适用的税种，并负责执行与进出口有关的其他规章制度及法律实施。

一、海关关税及其减免

海关关税是一个国家重要的税收组成部分，也是政府运行的资金来源之一。一国通过海关关税的调整，不但可以获取收入，还可控制进出口平衡，从而影响一国的经济。在实践中，在全球经济一体化的浪潮下，各国倾向于减免关税。

（一）海关关税

根据缅甸法律，应税进口商品入境前，须缴纳关税；同样，应税出口商品离境前也须缴纳关税。

缅甸对应税的进口商品所收取的税费主要有三种：

进口税、商业税、许可证费等。

1. 进口税(import duty),亦称进口关税。其指进口国海关对从外国进入本国的货物和物品征收的一种关税,它是关税中最主要的一种。进口税在外国货物进入关境或国境时征收,或外国货物从自由港、免税区或保税仓库中提出运往国内市场销售,办理通关手续时征收。不同的商品所交的关税税率有所不同。缅甸海关关税表中对此有详细规定。

2. 商业税。商业税税率在每年更新的《联邦税法》中有详细规定。

3. 许可证费。根据商品类型征收不同的许可证费。

关于边境贸易进口的关税,国家治安建设委员会在1953年关税法修正案第三栏中有规定。

出口税:应税的出口商品在离开缅甸前应缴纳出口税,应税的出口商品的关税税率,在缅甸海关关税表第二栏有详细规定。

各种商品可以通过缅甸的陆地、航空和海港从指定的口岸进出,海关对其实行监督。目前,仰光是缅甸商品进出的主要航空港和海港。①

(二)关税的减免及估价

从理论上来说,关税的减免一般分为法定减免、特定减免和临时减免三类。所谓法定减免,是指相关法律明确列明予以减免的关税;特定减免,是指法律赋予经济特区等特定地区进出口的货物的关税减免优惠;临时减免,是指一国根据国内生产和国际市场行情的变化,确定对某一类或几种商品在一定时限内临时降低或取消关税。

缅甸对于各种进出口商品的关税减免都规定在其相关的法律文件中,其财政部和税务部(现计划与财政部)于1961年9月15日签发的第370号通知中就明确列明了减免税相关的商品,并明确列出了享受减免的有关限制和条件。而关于出入缅甸的旅客所携带的行李物品的免税,缅甸海关也于1986年4月1日签发了免税的第4号通知。投资者可以根据自己的实际情况查询相关信息资料。

根据缅甸《海洋关税法》第23款的规定,计划财政部部长经特别授权可以

---

① 参见《海关关税》,载新浪网:http://blog.sina.com.cn/s/blog_948d01e60102vnq8.html.,最后访问日期:2020年4月25日。

代表联邦总统,不定期宣布对任何进出口商品实行全部或部分的关税减免。并且,根据《海洋关税法》第24条的规定,海关总署可以不定期地对旅客的行李物品作出免征关税的决定。

关于减免关税的备案与审批,关税减免申请人应当向其所在地海关申请办理减免税备案、审批手续。投资项目所在地海关与减免税申请人所在地不在同一海关的,减免税申请人应当向投资项目所在地海关申请办理减免税备案、审批手续。具体程序如下。

1. 减免税的备案:减免税申请人按照有关进出口税收优惠政策的规定申请对进出口相关货物实施减免税的,应到主管海关机关申请办理减免税备案手续,在办理减免税审批手续前,海关需事先对减免税申请人的资格或投资项目等情况进行确认。

2. 减免税的审批:减免税备案后,减免税申请人应当在货物申报进口前,向海关申请办理货物减免税审批手续,并应提交以下材料:

(1)进出口货物征免税申请表;

(2)公司注册证等证明文件;

(3)进口合同、发票及相关货物的产品情况资料;

(4)政策规定的享受进出口优惠政策资格的证明材料;

(5)要求的其他材料。

减免税申请人按照规定所提交的证明材料应当交验原件,同时提交加盖减免税申请人有效印章的复印件。海关收到减免税申请人的减免税审批申请后,经审核符合相关规定的,确定其所申请货物征税、减税、免税的决定,并签发"进出口货物减免税证明"。"进出口货物减免税证明"的有效期最长不得超过半年,申请延期的期限也不得超过6个月。"进出口货物减免税证明"使用一次有效,即一份减免税证明上的货物只能在一个进口口岸一次性进口。

为了确定进出口商品所交的关税,按照《海洋关税法》第30条(b)款的规定,要对商品进行海关估价。对商品进行估价,有利于在海关申报。估价费用可以通过追加0.5%的起货费获得,按进口时到岸价计算。①

---

① 参见《减税的程序》,载CLB法律事务所网:http://www.clb.com.mm/.,最后访问日期:2020年5月10日。

(三)关税税率

缅甸对海关关税税率的确定和计征主要根据1992年3月12日颁布的《关税法》的规定来实施。如前所述,缅甸对进口商品征收的税费包括进口税、商业税和许可证费。三者税率各不相同,内部差异也很大。进口税由24个税率组成,税率范围为0% ~40%;农产品、医药品以及机械和零配件的进口税税率一般从0.5% ~3%。为鼓励发展出口导向型项目,对为再出口(Re-export)而进口原材料,以切割、制作和包装方式(Cutting-Manufacturing-Packaging,CMP)进口而再出口商品以及为出口而进口包装材料等进口业务给予免税待遇。

近年来,缅甸对进口商品的商业税税率进行了多次调整。缅甸联邦财税部(现计划与财政部)于2004年6月14日发布第91/2004号公告,称于1996年6月1日起降低为10%的进口商品商业税税率,从2004年6月15日起恢复征收原规定的2.5% ~20%的税率。在恢复征收原有税率的商品中,部分重要商品继续适用10%以下的税率,如化肥、药品、计算机及其配件、汽油及柴油等。从2004年8月4日开始,缅甸财税部再次对进口类商品商业税进行调整,将全国大贸和边贸口岸进口类商品商业税调高了10倍。从2007年9月4日起,进口替代型工业企业在进口为满足国内市场需求生产所需原材料时将不再征收商业税。其条件是,所进口的原材料必须直接用于生产,并缴纳20%的进口关税。这一新的规定惠及塑料产品制造业、电视机组装业、造纸工业和汽车零配件制造商。但同时规定,享受这一政策的企业家必须是缅甸国民,其工厂必须位于国家特定的工业区内,生产的商品必须是进口替代型商品。

此外,根据中国与东盟签署的《中国－东盟全面经济合作框架协议货物贸易协议》以及作为附件14的《缅甸对中国降税表》,缅甸对原产自中国的商品应当分期降低进口关税。①

而对于进口商品的退税与保税也有明确规定:如果进口商品能在海关监管的指定仓库内存放,则无须支付进口关税和其他税收,即使征税后,如能在两年内将所进口的商品再出口(根据具体情况,两年过后,还可能申请1年的延期),

① 参见《中国－东盟自由贸易区》,载中国自由贸易网:http://fta.mofcom.gov.cn/dongmeng/dongmeng_special.shtml,最后访问日期:2020年5月10日。

则可退还已征关税的7/8。[①] 另外，对所有进口的非本地用的出口贸易商品，海关征收转口贸易税，转口贸易税以进口货物的成本加保险费加运费(Cost, Insurance and Fright;CIF)价为计征基础，征收2.5%的从价税。转口贸易商品装运时必须填写规定的表格，即关税申报单(CUSDEC－3)，并附上以下文件：

1. 提单或空运托运单或路运托运单；

2. 由商务部颁发的转口贸易许可证；

3. 商业发票；

4. 买卖双方签订的销售合同或出口商与授权代理签订的合同；

5. 与法规严格一致的保证合约，如不能出口，则根据现行法律予以处置。

根据法律规定，缅甸计划与财政部有权根据《关税法》的规定，确定对进口或出口商品的免税或减税，即特许税，税率为0～10%。

由于缅甸官方价美元兑缅元的价格与市场价美元兑缅元的价格相差超过200倍，1996年后缅甸政府废除以前按官方价1美元兑换6缅元的计征方法，采用中间价计征。海关根据海关税率表征收进口税，进口税以CIF计价；对进口商品征收的商业税根据商品的到岸成本计征，到岸成本为商品可估量价值与进口税之和。各种税费在商品入关地点通关时征收。

关税及其他税的支付可以通过以下两种方式。

1. 现金或支票。不超过5000缅元的现金可以在海关局支付。金额超过5000缅元的则采用能从缅甸经济银行和私人银行取得的支票支付。

但在下列情况下，超过5000缅元的海关税或其他税可以用现金支付：

(1)在港口结关；

(2)在邮局结关；

(3)海员和乘客的行李；

(4)拍卖保证储蓄金。

2. 从活期存款账户中支取。进出口商和合资企业可以在海关局开立活期账户。他们的进出口关税及其他税可以从这些账户中扣除。[②]

---

① 资料来源：缅甸国家贸易门户网：https://www.myanmartradeportal.gov.mm/en/special-customs-procedures#Duty%20Drawback，最后访问日期：2020年5月4日。

② 参见《关税税率》，载百度百科：https://baike.so.com/doc/6130434－6343594.html.，最后访问日期：2020年4月25日。

二、进出口报关手续

因为海关关系一国的国家经济安全以及领土安全，对进出口到该国的商品以及企业必须要履行严格的报关手续，包括进口报关手续和出口报关手续，从而规范进出口程序。

（一）进口报关手续

根据缅甸法律，关于进口报关手续，所有进口的货物必须填报进口申报表（CUSDEC－1）通关。提交 CUSDEC－1 时，还须一并提交如下文件：

1. 进口许可证（如有需要）；
2. 发票；
3. 提单、空运单或卡车运单；
4. 装箱单；
5. 销售合同；
6. 如有需要，还需提供有关政府部门要求的其他证明、许可证或进口推荐信。

一些货物进口需要提供进口许可证。进口许可证由商务部贸易部门颁发。该部门会自动颁发一些许可证，但多数许可证都是根据相关部门、机构及商会的推荐颁发的。自动进口许可证用于监控贸易流量及授权收入。自动授权由商务部自动颁发，无须其他政府部门或机构许可。

需其他政府部门或机构推荐的货物进口，须提交非自动进口许可证。出具进口推荐信的主要部委和机构如下：

1. 食品和药品管理局（消费品、药物）；
2. 杀虫剂注册委员会（杀虫剂）；
3. 农业司（农业设备、植物、鲜花、种子）；
4. 畜牧兽医司（活体动物、肉、蛋）；
5. 内政部（精油、危险货物）。①

① 参见《缅甸出口货物指南》，载缅甸贸易网：www. myanmartradeportal. gov. mm. ，最后访问日期：2020 年 4 月 25 日。

缅甸禁止某些货物进口。商务部贸易局禁止进口的货物如下：

1. 伪造货币和硬币；

2. 色情资料；

3. 各类麻醉药品和精神药物；

4. 扑克牌；

5. 印有缅甸佛塔象征的货物；

6. 武器和弹药；

7. 古董和具有考古学价值的物品；

8. 野生动物濒危物种；

9. 现行法律所规定的其他违禁商品。①

(二)出口报关手续

依据缅甸法律,关于出口报关手续,所有出口货物必须填报出口报关单(CUSDEC－2)通关。提交CUSDEC－2时,还须一并提交如下文件：

1. 出口许可证或出口许可；

2. 发票；

3. 装箱单；

4. 销售合同；

5. 对内向私人号码电汇的付款通知书或对内向政府号码电汇的付款通知书；

6. 货物样品；

7. 运输林业产品的通行证；

8. 活体动物出口的健康证明；

9. 野生动物出口许可证；

10. 有关政府机关要求的其他证件及许可证。

尽管几乎所有产品出口都需要许可证,但主要农产品出口则不需要出口许可证。商务部贸易部门依据相关部门、机构及商会的推荐,颁发出口许可证。

---

① 参见《缅甸进口货物指南》,载缅甸贸易网:www. myanmartradeportal. gov. mm. ,最后访问日期:2020年4月25日。

办理出口许可证不收取费用。商务部负责对出口交易的价格进行审查,如果某一出口交易的价格与国家经济利益相悖,则商务部可以拒绝颁发出口许可证。

根据进口国家的要求,依据出口产品的性质,可要求政府部门或缅甸联邦工商业联合会会员提供出口产品证书、许可证或出口推荐信。为证明出口产品符合东盟或其他税收优惠待遇,可要求商务部出具原产地证明。

缅甸禁止部分产品出口。商务部贸易部门禁止出口的产品如下:①

1. 伪造货币和硬币;

2. 色情资料;

3. 各种麻醉药品及精神药品;

4. 一般禁止商品(古董物品、武器弹药);

5. 被禁止的鱼类产品(小虾);

6. 被禁止的动物和动物相关产品(象牙、水牛、牛、大象、马、野生动物);

7. 被禁止的矿物及矿物产品(黄金、钻石和石油);

8. 被禁止的林业产品(原木,即未加工木材)以及禁止生产的农产品(芝麻油、芥末油、芥子油、葵花油、葵花籽油、生产植物油时的残留物等)。

法律规定,所有进出口缅甸的商品,无论其是否免税都应按照规定的表格填写申报,进口要填进口报关单,出口要填运单。所有申请的商品都要按照表格逐项如实填写,如数量、价值、重量、尺寸、品质等。进口商品要填写生产商品国家的原产地,出口商品则要写清运达目的地。并且,必须在指定的进出境口岸的海关进行申报。海关法允许进出口商为其指定代理人,但须获得海关总署的批准。

三、进出口通关程序

进出口报关手续只是一国进出口通关程序的一部分,在严格的海关程序中还需要更精密的进出口通关手续,从而使整个进出口程序更具有规范性及安全性。

---

① 参见《缅甸出口货物指南》,载缅甸贸易网:www. myanmartradeportal. gov. mm. ,最后访问日期:2020 年 4 月 25 日。

（一）进口方面

根据现行法令法规，所有进口缅甸的货物必须向海关局报关以便通关。报关时，须填写进口申报表（CUSDEC－1）进行报关，并随附以下文件：

1. 进口许可证；
2. 发票；
3. 提单或空运托运单；
4. 装箱单；
5. 其他有关部门颁发的进口所要求的许可证。

海关根据海关税率表收取进口税。缅甸进口税以 CIF 计价。进口商品不仅要缴纳进口税还要缴纳商业税，商业税根据商品的到岸成本计征，到岸成本为商品可估量价值及进口税之和。这些税在商品入关地点通关时征收。

（二）出口方面

根据法律规定，商品出口装运时，须向海关局进行申报，填写出口申报表（CUSDEC－2），并随附以下文件：

1. 出口许可证；
2. 发票；
3. 装箱单；
4. 销售合同；
5. 装运通知；
6. 信用证或普通汇款免税单；
7. 有关私人电汇汇入号码及有关政府电汇汇入号码的付款通知书；
8. 商品样本；
9. 林产品装船通行证；
10. 活体动物出口健康证书；
11. 野生动物出口林业许可；
12. 其他各政府机构要求的证书及许可。

海关根据税率表对出口商品征收关税，出口税以 FOB 价为税基。

(三)转口贸易海关申报格式

根据缅甸法律,所有进口的非本地用的出口贸易商品,即出口贸易商品,其装运时必须填写规定的表格,即 CUSDEC－3,并附上以下文件:

1. 提单或空运托运单或路运托运单;

2. 由商务部颁发的转口贸易许可证;

3. 商业发票;

4. 买卖双方签订的销售合同或出口商与授权代理签订的合同;

5. 与法规严格一致的保证合约,如不能出口,则根据现行法律予以处置。

转口贸易税以进口货物的 CIF 价为计征基础,征收 2.5% 的从价税。

特殊货物的通关。根据缅甸法律规定,以下通过海运和空运的特殊进口货物将予以快速通关:

1. 易腐物品;

2. 政府和企业急需物品;

3. 活体动物、人类遗产。[①]

---

① 参见《进出口报关流程》,载百度百科:https://baike.so.com/doc/2981313－3144611.html.,最后访问日期:2020 年 4 月 30 日。

第八章　外汇管制

广义的外汇管制指一国政府授权国家的货币金融当局或其他机构，对外汇的收支、买卖、借贷、转移以及国际间结算、外汇汇率和外汇市场等实行的控制和管制行为；狭义的外汇管制指对本国货币与外国货币的兑换实行一定的限制。

各国外汇管理制度主要有三种类型。第一种是严格型外汇管制，即对经常项目和资本项目都实行管制，实行这种外汇管制的国家通常经济比较落后，外汇资金短缺，市场机制不发达，因而试图通过集中分配和使用外汇以维持稳定的汇价、保障国际收支平衡、维护民族经济的发展。经济欠发达的发展中国家多采取此种外汇管理制度。第二种是部分型外汇管制，即对经常项目的外汇交易原则上不加限制，但对资本项目的外汇交易进行一定的限制。如日本、丹麦、挪威、法国、意大利等约20个国家便采取了该种外汇管理制度。第三种是完全自由型外汇管制，即对经常项目和资本项目的外汇交易均不进行限制，外汇可自由兑换、自由流通、自由出入国境，实行金融自由化。这类国家有美国、英国、瑞士、荷兰、新加坡和外汇储备较多的石油输出国（如科威特、沙特阿拉伯等)。①

严格意义上说,缅甸的外汇管理制度实行的是严格型外汇管制,但相较过去其外汇管理制度已经有所放开。2012 年颁布的缅甸《外汇管理法》放宽了当地及外国投资者在缅甸处理外币的权限。法律规定所有在银行进行的外汇交易均需经过缅甸中央银行授权,并具有处理外汇的资质。因此,依据相关政府部门授权,外国投资者可在缅甸境内的指定银行开设外汇账户、管理外国资金、汇出外汇。目前,在实践中,进出口商通常以在银行账户间转账的方式划转外汇,出口商通常把美元存在离岸的外国银行账户里,政府和银行也默许这一做法,但这一做法的最终结果是减少了本国银行系统的外汇存量。

依据缅甸法律的规定,经缅甸投资委员会许可,并经缅甸投资委员会和缅甸中央银行批准,外国投资者可将最初为投资目的引入缅甸的资金进行转移或汇出。

一、缅甸《外汇管理法》

缅甸的外汇管理结构自 2011 年起逐步得以完善。并且,缅甸最近进行了货币制度改革,实施了有管理的浮动汇率制度。而与外汇管理相关的法律主要是 2012 年《外汇管理法》。为更好地管理和支持国家经济发展,扩大与外国政府的合作,缓解外汇管制的紧缩控制,2012 年 8 月 10 日缅甸议会颁布了《外汇管理法》。该法取代了 1947 年《外汇管理条例》,成为调整缅甸外汇的主要法律。

2012 年《外汇管理法》对汇出款项进行管理,以区别对待流动交易,具体包括:

(1)与外贸和其他即期业务相关的到期应付款,包括服务报价,正常短期银行业务及信贷融资;

(2)其他投资项目的应付贷款利息及其他净收入;

(3)到期应付的适当的直接投资的折旧款项;

---

① 参见《外汇管理》,载百度百科:https://bkso.baidu.com/item/外汇管理/251215.,最后访问日期:2018 年 6 月 30 日。

(4)家庭生活费用和资本交易的适当汇款。①

缅甸目前实行有管理的浮动汇率制度,尽管资本账户的转移仍有条件限制,但《外汇管理法》放宽了对经常账户交易相关的转移支付政策。依据现有制度,资本交易需要得到缅甸中央银行的批准,多数外汇汇款均有一定的限制,也需要缅甸中央银行的批准。缅甸中央银行有权制定外汇管理政策,同时,有权根据市场汇率公布每日参考汇率。②

二、与外国汇率相关的新规则和新规定

汇率是指一国货币与另一国货币的比率或比价,或者是用一国货币表示的另一国货币的价格。汇率变动对一国进出口贸易有着直接的调节作用。在一定条件下,通过使本国货币对外贬值,即让汇率下降,起到促进出口、限制进口的作用;反之本国货币对外升值,即汇率上升,则起到限制出口、增加进口的作用。③

就缅甸而言,现阶段外汇管制的放开和资本账户的开放有助于其国际贸易支付、外商投资和经济发展。但是,这也可能导致宏观经济体系更动荡、更容易陷入危机。依据缅甸法律,所有的外汇交易皆须通过商业银行和授权的非银行机构进行,而其他交易则需要缅甸中央银行的批准。据称,缅甸中央银行所采用的外汇规则和相关制度是一套相对开放式的制度,商业银行可依据缅甸中央银行所制定的规则和规定直接向消费者出售或购买外汇。

按照缅甸中央银行的规定,尽管在某些情况下有限额的限制,但在通常情况下外币转入或带入国内没有限制。根据规定,任何自国外收取外汇的人都必须立即汇回资金,并将其出售给授权银行,或在一定天数内将其存入授权银行的外币账户,但短期驻留的外国人如大使馆和国际组织的雇员则不受该规定的约束。

在一般情况下,民营企业在提交了具有国际贸易和投资需求的文件、或证

---

① 参见《外汇管理法》第2条第12款。

② 参见《外汇管理法》第3条第1款、第2款。

③ 参见《汇率》,载百度百科:https://baike.so.com/doc/4172403-4372770.html.,最后访问日期:2020年4月30日。

明可以对冲外汇风险的情形下，可以从授权银行购买外币。而缅甸居民可以在授权银行持有外币账户，并在一定条件下存取资金。但是，为防止投机，外币存取皆有一定的限制。并且，双方的交易都需要提供证明文件。依照规定，非居民可以无限制地在授权银行持有外币账户，但资金必须来自国外。

为了直接投资或组合投资而在缅甸进行外币转移是被允许的，但所得款项必须交授权银行，或存放在授权银行的外币账户中。在向授权银行提供证明文件后，可以免费汇出汇回的投资资金和偿还的海外贷款。要汇出汇回的投资资金，必须提交出售或转移投资的证明，而要汇出偿还的海外贷款，必须提交贷款和贷款协议的汇入证明。

任何人向授权银行购买、出售、存入或提取超过一定金额的外币，都必须按照中央银行规定的格式向授权银行提交报告。这些报告必须包含帮助中央银行监测外汇交易、可能的市场投机以及编制国际收支平衡表的数据库的所有细节。

三、外汇管理部门

外汇管理，是指一国政府授权国家货币金融管理当局或其他国家机关，对外汇收支、买卖、借贷、转移以及国际间的结算、外汇汇率和外汇市场等实行的管制措施。

一般而言，外汇管理部门的主要职责包括以下几方面：研究提出外汇管理体制改革和防范国际收支风险、促进国际收支平衡的政策建议；参与外汇管理有关法律法规的起草，发布与外汇管理职责有关的文件并加以执行；负责国际收支、对外债权债务的统计和监测，依法发布相关信息；负责外汇市场的监督管理，承担结售汇业务监督管理责任；负责依法监督检查经常项目外汇收支的真实性、合法性，规范境内外外汇账户管理；负责依法实施外汇监督检查，并对违反外汇管理的行为进行处罚；承担国家外汇储备和其他外汇资产经营管理的责任等。但由于各国的外汇管理制度存在差异，各外汇管理部门的职责和权限大小不一。

就缅甸的外汇管理而言，1992 年 12 月 23 日，为方便外币管理，经计划财政部批准，缅甸中央银行成立了外汇管理部门，专门负责外汇管理工作。缅甸中央银行外汇管理部门的具体目标如下：

实施国家汇率政策并作为政府代理人，控制外汇交易；

管理国家的国际储备，采取必要措施保证稳定可行的国际收支状况，从而使居民能够进行正常的国际交易；

制定出国家实施的外汇交易政策和规定；

制定国家有关外汇交易的政策和规定。

缅甸外汇管理部门的主要任务如下：

颁发外汇交易许可证；

为非正常贸易目的签发进口发票（免税）；

为非正常贸易目的签发出口发票（免税）；

许可对外汇款；

根据《外汇管理法实施细则》和《外汇管理手册》编制统计数据。

根据相关规定，关于转贷或者贷款，应按照相关法律规定，经缅甸中央银行批准方可转贷或贷款。根据《外汇管理法》规定，缅甸政府允许投资者转移资金或支出以及对外借贷，但这些资金必须用于在缅甸联邦境内的投资。在出现严重的国际收支失衡或外部财务困难的情况下，缅甸政府可以根据《外汇管理法》和其他国际承诺，对投资相关的付款或转账进行限制。在使用缅元进行支付或转账时，应按照缅甸中央银行的规定办理。

根据《外汇管理法》，公民及公司应向缅甸中央银行报告其海外账户的交易情况。根据该法，缅甸国民可以在国外开设账户，从事交易、保险、旅游、劳务输出、建设项目、结算外债、设立分支机构或缅甸政府及缅甸中央银行允许的其他目的。①

缅甸中央银行负责对海外投资进行审批，投资者海外投资的每笔交易均需向其报告。而外国投资者必须遵守相关政策并提交相关文件，如不能提交必要信息，则缅甸中央银行可以禁止其将利润汇回本国。

2014 年，缅甸重申了其在批准外币的汇入和汇出方面的重要作用。依据《外汇管理法》，外国投资者必须向缅甸中央银行提交相关文件，证明汇款行为是向外汇许可证的持有人进行的。此要求适用于所有投资者，包括那些已经获

---

① 参见《外汇管理法》第 14 条、第 15 条。

得缅甸投资委员会许可或经济特区许可的投资者。此外,缅甸国内居民的离岸贷款需事先征得缅甸中央银行的许可。

四、本国居民与外国居民的银行账户

依据相关法律,就外汇管理方面,缅甸对本国居民和外国居民的银行账户实施分别管理,具体如下。

1. 本国居民的银行账户管理

依据缅甸法律,居住在本国的居民可依法持有一定数额的外币,并可通过外汇持牌人以市场价格兑换外币。任何持有外币的人只能在授权经销商的账户中存入外币。居住在本国的任何人应根据缅甸中央银行的规定将其在境外赚取的全部外币转入国内,并将其存入一个授权经销商账户中。依据《外汇管理法》第 14 条的规定,境内居民需要在国外开立外汇账户时,应取得缅甸中央银行的许可。并且,依据《外汇管理法》第 15 条的规定,在国外拥有银行账户的人每月应向缅甸中央银行提交银行账户报表。

法律规定,居民可以在国外开立一个银行账户,并将其中的资金用于以下目的:

(1)陆运、水运、空运、保险、旅游、劳务输出;

(2)在国外收购一个建筑项目;

(3)结清外债;

(4)开设境外分支机构,经有关主管部门批准在境外经营外币业务;

(5)经相关政府部门或缅甸中央银行批准的其他目的。①

并且,法律规定,外汇交易执照持有人在向境内居民开立境内外币银行账户时,应遵守以下规定:

(1)只有合法取得或经准许交易而进行交换和买入的外币才能记入银行账户;②

(2)外汇交易执照持有人只能根据缅甸中央银行不定期发布的指令,并按

① 参见《外汇管理法》第 14 条。

② 参见《外汇管理法实施细则》第 10 条第 1 款。

照《外汇管理法实施细则》的规定，将外币兑换成国内支付的货币，并在准许的交易中向海外居民进行支付。①

2. 外国居民的银行账户管理

依据法律，外汇交易执照持有人无须事先取得缅甸中央银行的许可即可向外国居民提供外币银行账户，并可存入以下货币：

(1)通过在国外的合法银行账户转账进入本国的外币；

(2)出售和兑换外国居民依《外汇管理法实施细则》准许交易而在本国赚取的缅元并兑换成的外币。②

五、资金转移

根据《外汇管理法》的规定，就支付与转移事项而言，外汇交易执照持有人只能将外币用于目前从国外到国内或国内到国外的外币的支付和转移。并且，外汇交易执照持有人仅能将外币用于从国外到国内或从国内到国外的资金账户的外币支付和转移。根据《外汇管理法实施细则》，外汇交易执照持有人如需转移或支付超过10,000美元或者等值数额的其他类型外币的资金，则应当向缅甸中央银行报告。③

依据《外汇管理法实施细则》第27条的规定，买卖外币的外汇交易执照持有人在仔细审核以下项目后，可用10,000美元或等值数额的其他类型外币从国内向国外转移和支付海外旅费、医疗费、教育和检查费、会议和研讨会的入场费以及海外家庭成员的生活费：

(1)对费用的使用场合、公司或国内个人居民使用状况进行了合理解释；

(2)相关费用记录的证明文件。④

如果消费者提供了下列证明，则外汇交易执照持有人可以消费者名义进行支付：

(1)商品卖方发出的交货通知；

---

① 参见《外汇管理法实施细则》第10条第2款。
② 参见《外汇管理法实施细则》第16条第1款、第2款。
③ 参见《外汇管理法实施细则》第45条。
④ 参见《外汇管理法实施细则》第27条。

(2)出口单证或由海关向货物接收方发出的说明货物已经到达的报关单；

(3)其他必要证明。①

外汇交易执照持有人可以在海外投资者提交相关文件证明以后并要求支付和转移利润、转移利润份额或利息时，在其达到相关要求后批准支付和转移。所谓相关要求，是指将与该项支付或转移相关的在缅投资信息报告给缅甸中央银行，并附相关文件证明其必须是真实的。

外汇交易执照持有人有义务审查申请人的投资书证是否符合《投资法》和《经济特区法》的规定。如果其投资与《投资法》和《经济特区法》无关，则须审查其投资的书面证据是否符合《公司法》的规定。并且，外汇交易执照持有人应当向缅甸中央银行提交其收到的外商投资的付款和转移的申请，但不包括每人最高10,000美元或等值数额其他类型的外币业务。

如果居住在境内的本国居民希望进行直接或间接的外商投资，则其应当向缅甸中央银行报告其投资的类型。例如，商业直接投资、其他组合投资或房地产投资等，并且，还应当报告投资额和相关信息。境内居民在《外汇管理法实施细则》颁布前在海外从事的上述投资，应依据《外汇管理法实施细则》及时向缅甸中央银行报告。

如果以下金融机构要求在境外投资买卖外汇，外汇交易执照持有人应当向缅甸中央银行报告：

(1)商业银行和金融公司；

(2)保险公司、养老基金、通过投资或募集资金而进行的投资。②

外汇交易执照持有人在仔细检查相关支付和转移是否符合规定的书面证明要求之后，如果其每年的汇款额度不超过10,000美元或其他类型外币的等值数额，则可以按照国内个人居民的要求进行以下从国内到国外以及从国外到国内的汇款：

(1)礼金；

(2)捐款；

---

① 参见《外汇管理法实施细则》第19条。

② 参见《外汇管理法实施细则》第53条。

(3)修理和维护的费用;

(4)遗产;

(5)来自不动产转让的现金;

(6)其他类型的财政支持或货币援助,但联盟政府给予的财政支持或货币援助除外。①

对于居住在国外的个人,如果其将法律或政府规定或要求的资金从国外投资到国内,均需向缅甸中央银行提交证据,证明银行已经通过外汇交易执照持有人将资金转移。与投资有关的文件证明应当符合《投资法》、《经济特区法》和《公司法》的规定。

按照缅甸法律,转移贷款或者取得贷款,应当按照规定获得缅甸中央银行批准,而政府应当依法允许转移资金、费用或来自海外的外国贷款,其前提是该款项须依法用于投资者及其伙伴在缅甸境内的投资。在发生严重的收支失衡或外部财政困难时,缅甸政府可以根据《外汇管理法》和其他国际承诺采取或维持与投资有关的支付或转移的限制。国际支付和缅元交易、付款和其他结算只能按照缅甸中央银行的规定办理。

六、缅甸中央银行的管理职权

根据法律规定,缅甸中央银行有权:

(1)颁发许可证;拒绝许可申请及吊销外汇许可;

(2)控制并监督外汇许可证的持有人;

(3)制定规章以限制外汇许可证持有人持有外汇的数量;

(4)制定规章以限制外汇许可证持有人持有单一货币或多种货币的净额,限制外国债务的数额,并对其他要求进行了规定。②

并且,根据缅甸新的规定,此前依据缅甸投资委员会的许可进行活动的组织和个人,在获得银行的外汇交易许可后,可通过外汇和缅元账户进行金融交易。但现在,如果缅甸投资委员会的许可与缅甸中央银行或其他相关管理部门

---

① 参见《外汇管理法实施细则》第54条。

② 参见《外汇管理法》第32条。

的授权重复,或与2012年《外汇管理法》不一致的,则资金转移不再要求缅甸投资委员会的任何许可。按照规定,资金划拨事项应依据2012年《外汇管理法》处理。

七、缅甸银行业的自由化

所谓银行自由化,又称"金融深化",是"金融抑制"的对称。银行自由化主张金融制度改革、改革政府对金融的过度干预,放松对金融机构和金融市场的限制,增强国内的筹资功能以改变对外资的过度依赖,放松对利率和汇率的管制使之市场化,从而使利率能反映资金供求,汇率能反映外汇供求,促进国内储蓄率的提高,最终达到抑制通货膨胀、刺激经济增长的目的。

银行自由化的优势在于以下几点。第一,增强金融市场的竞争性,提高金融市场的效率,促进银行业的发展。第二,在银行自由化条件下,金融信息更加公开,相关信息更能准确、迅速地反映市场供求状况。并且,自由化还能减少产品间、银行间的资金流动障碍,从而使资源配置更优化。第三,银行自由化能为金融企业提供更多的盈利机会,市场竞争更充分,银行服务更加优化。第四,银行自由化促使分业管理制度逐步解除,为商业银行在营利与安全之间的平衡提供更多的选择。

银行自由化的弊端在于以下几点。第一,银行自由化在提高金融市场效率的同时,却在其他方面也降低了金融市场效率。第二,银行致力于金融创新的动力将有所下降。在实行严厉金融管制条件下,商业银行以及其他金融机构被迫推出新的金融产品,以便绕开金融管制,增强自身竞争实力。而在金融自由化下,世界各国普遍实行利率、汇率自由化,分业管理的藩篱被拆除,金融创新的必要性或将不再那么突出。第三,银行自由化加大了客户和金融业自身的风险。利率和汇率管制的解除导致市场波动幅度剧增,解除分业管理制度实行商业银行全能化之后,商业银行大量涉足高风险的业务领域,风险资产明显增多。第四,在银行自由化后,银行之间、商业银行与非银行金融机构之间以及各国金融市场之间的联系更加密切,单一企业财务危机冲击金融体系稳定性的危险加大。第五,银行自由化之后,竞争加剧导致银行间的优胜劣汰现象更突出,相关银行利润率降低等。可见,银行自由化在增强金融市场效率的同时,往往在其他方面又具有降低金融市场效率的作用;在提供了提高安全性的金融工具的同时又是增加风险的因素。①

相较之下,作为尚不发达的东南亚发展中国家,缅甸的金融业发展水平较低,金融产业的发展还不足以支持国家全面的经济改革。为了加快缅甸金融业的发展,使其更好地服务于实体经济,缅甸也尝试大力开放本国金融市场,吸引外资金融机构进入本国,加大国内金融自由化步伐。近年来,缅甸加大了金融业的改革和发展力度,相关制度也不断出台。缅甸的《金融机构法》(Financing Institution Law,FIL)没有明确禁止缅甸银行从其他银行或非银行主体借款,可转换贷款也可以在缅甸中央银行批准的情况下进行,该转换可能间接使缅甸银行获得利息。2014年5月,缅甸中央银行建立了一套竞争性的许可制度,以吸引有兴趣的外国银行及其在缅甸的代表处或者正开设的办事处向缅甸中央银行提交许可开设分支机构的申请。2015年,在第一轮招标中,来自新加坡、日本、马来西亚、中国、泰国和澳大利亚的9家外资银行获得了经营分支机构的许可,缅甸中央银行向此9家外资银行发放了许可证,允许其在缅甸从事商业银行业务,为在缅经营的外资企业提供批发银行服务,但限制其为外资公司或国内银行开设账户,也限制其向外资公司或国内银行发放贷款。在缅甸,所谓的外资公司,是指外资全资实体、外商和缅商的合资公司以及外国公司在缅甸的授权分公司或代表处②。尽管许可外资银行的业务范围有限,依然未许可其从事零售银行业务,但对尚不发达的缅甸金融市场来讲,如此大力度地引进外资金融机构,不得不说是向银行自由化步伐迈进了一大步,其必将给缅甸金融市场改革带来深远影响。这9家首批引进的外资银行分别如下:

澳新银行(Australia & New Zealand Banking,ANZ);

曼谷银行(Bangkok Bank Ltd.);

三菱东京日联银行(Bank of Tokyo-Mitsubishi UFJ,BTMU);

中国工商银行(Industrial and Commercial Bank of China,ICBC);

马来西亚银行有限公司(Maybank);

---

① 参见何新:《金融改革路径与银行自由化》,载新浪网:http://sina. com/2013/11/jfk-killed-after-shutting-down. html.,最后访问日期:2020年4月30日。

② 但根据2017年《缅甸公司法》,外国公司指一家在缅甸联邦共和国注册的,由海外公司或者外国人(或者两者共同)直接或间接持有或控制的所有者权益超过35%的公司。

瑞穗银行(Mizuho Bank,MIZUHO);

华侨银行(Oversea-Chinese Banking Corp,OCBC);

三井住友银行(Sumitomo Mitsui Banking Corporation,SMBC);

大华银行(United Overseas Bank,UOB)。

2016年3月,缅甸中央银行又向亚洲四家外资银行颁发了初步经营许可证。这四家银行分别如下:

(1)越南投资发展银行(Bank for Investment and Development of Vietnam,BIDV);

(2)中国台湾地区玉山商业银行(E. Sun Commercial Bank,Ltd.);

(3)韩国新韩银行(Shellonhan Bank South Korea);

(4)印度国家银行(State Bank of India)。

至此,在缅甸全国经缅甸中央银行批准的外资银行一共有13家。外资银行可以通过当地银行向当地公司借款,或与当地银行合作向当地公司提供银团贷款。根据要求,每一外资银行必须投资至少7500万美元的资金,其中一部分资金将被锁定,即不允许抽取全部的7500万美元资金。目前,外资银行不能经营零售银行业务,但可以预见的是,随着缅甸改革开放步伐的加大,金融业改革条件更成熟,其银行业自由化步伐必将迈得更大,外资银行业务范围也将进一步扩大。

八、反洗钱法

所谓反洗钱,是指采取适当措施预防和打击通过各种方式掩饰、隐瞒毒品犯罪、黑社会性质的组织犯罪、恐怖活动犯罪、走私犯罪、贪污贿赂犯罪、破坏金融管理秩序犯罪等犯罪所得及其收益的来源和性质的洗钱活动。

目前,常见的洗钱途径广泛涉及银行、保险、证券、房地产等各种领域。具体而言,反洗钱是政府动用立法、司法力量,调动有关组织和商业机构对可能的洗钱活动予以识别,对有关款项予以处置,对相关机构和人士予以惩罚,从而达到阻止犯罪活动目的的一项系统工程。从国际经验来看,洗钱和反洗钱的主要活动都是在金融领域进行的,几乎所有国家都把金融机构的反洗钱置于核心地位,国际社会进行反洗钱的合作也主要是在金融领域。

洗钱行为具有严重的社会危害性,它不仅损害了金融体系的安全和金融机构的信誉,而且,对一国正常的经济秩序和社会稳定具有极大地破坏作用。目前,反洗钱已经成了世界性的共识,反洗钱的必要性越发显现,主要体现在以下两点。一是各国国内形势的需要。近年来,随着走私、毒品、贪污贿赂等犯罪不断发生,非法转移资金活动大量存在,洗钱问题在相关国家日渐突出。由于缺乏对洗钱行为的预防监控措施,导致不能及早发现犯罪线索,影响了追查、打击洗钱犯罪及其上游犯罪和追缴犯罪所得。各国关于加强反洗钱立法、完善反洗钱法律制度的呼声越来越高。二是国际形势的需要。洗钱活动具有跨国(境)特性,遏制和打击跨国洗钱活动必须通过规范和协调的国内、国际立法,并加强反洗钱国际合作。①

缅甸的《反洗钱法》于2014年生效,为了遏制洗钱活动,法律规定了反洗钱的报告主体,即银行、金融机构以及非金融机构和专业机构等,它们具有报告洗钱的法定义务。上述报告主体发布以下方面的规定和程序受法律的约束:

(1)实施客户尽职调查和交易评估的规定;

(2)提高员工诚信度的就业监督程序;

(3)使员工能够协助了解客户要求的培训计划等。

关于《反洗钱法》规定的报告主体的一般义务,缅甸中央银行认为本国须遵守《巴塞尔核心原则》规定的银行业监管、监督和实践的全球标准,并遵守第40工作组的《金融法》的建议。因此,该行于2015年1月27日颁布了《反洗钱与打击恐怖融资风险管理指引》。该指引要求银行和金融机构制定有效的洗钱或恐怖主义融资风险管理框架,包括风险管理流程等具体内容。并且,缅甸中央银行还颁布了2015年第21号指令,该指令提供了关于了解客户程序的一般指导,被视为制定管理洗钱活动相关风险的有效框架的一部分。

九、缅甸《金融机构法》

缅甸议会于2016年1月25日通过了新的《金融机构法》。它取代了1990

---

① 参见《反洗钱法》,载百度百科:https://baike.so.com/doc/976540-1032183.html.,最后访问日期:2020年4月30日。

年《金融机构法》。1990年《金融机构法》适用于金融机构，包括商业银行、投资开发银行、金融公司和信用社。在获得缅甸中央银行批准的前提下，金融机构可以参与《金融机构法》规定的16类活动。根据《金融机构法》的规定，只有三家银行获准从事外汇交易。这三家银行分别是缅甸经济银行（Myanmar Economic Bank，MEB）、缅甸外贸银行（Myanmar Foreign Trade Bank，MFTB）和缅甸投资商业银行（Myanmar Investment and Commercial Bank，MICB）。

新《金融机构法》则是为推动建立更有效和稳定的金融体系的基础，加强缅甸中央银行的管理力度。根据新《金融机构法》的规定，金融机构是指银行、非银行金融机构和调度机构。其中，银行是指经缅甸中央银行许可从事银行业务的银行，包括商业银行、发展银行和经许可的外资银行分支机构。①

与《金融机构法》相比，新《金融机构法》针对银行制定了更严格的规则。它将本地银行的最低资本要求提高到200亿缅元（1550万美元），将外资银行分支机构或子公司的最低资本要求提高到920亿缅元（7500万美元）。

（一）非银行金融机构和外资银行代表处

依据缅甸法律，非银行金融机构（non-bank financial institution，NBFI）是指依据《金融机构法》第20条注册的主体，从事下列业务的一项或多项：

（1）信贷公司；

（2）租赁；

（3）代销；

（4）信用标记；

（5）货币服务；

（6）缅甸中央银行规定的其他业务。②

根据《金融机构法》第20条的规定，申请注册登记证需：

（1）拟从事非银行金融机构业务的公司应向中央银行申请注册登记证书；

（2）在《金融机构法》生效前从事非银行金融机构业务的个人应在生效之日起的6个月内向商业银行申请缅甸中央银行的注册登记证以从事非银行金

---

① 参见《金融机构法》第2条第2款、第3款。

② 参见《金融机构法》第2条第10款。

融机构业务。[①]

关于非银行金融机构的费用,非银行金融机构和外资机构在分别收到注册登记证时应当:

(1)支付缅甸中央银行可能规定的费用;

(2)在任何时候提交有关其业务或事务的信息和缅甸中央银行规定的定期报酬。[②]

《金融机构法》第23条规定,非银行金融机构可以从事下列一项或全部活动,这些活动需遵循缅甸中央银行规定的条款和限制:

(1)信贷公司业务;

(2)租赁业务(包括分期付款);

(3)代销业务(可接受融资账户);

(4)信用卡业务;

(5)货币服务;

(6)缅甸中央银行规定的其他信用服务;

(7)缅甸中央银行批准的其他活动。[③]

依据《金融机构法》,调度机构是指依法成立的为特定群体提供金融服务的机构。例如,农村发展银行、农业银行、依据《小额信贷法》成立的小微金融机构、信用证券机构和邮政储蓄银行。

(二)有关非银行金融机构的规定和指令

依据《金融机构法》第22条的规定,缅甸中央银行可以针对非银行金融机构颁布下列相关事项的规定和指令:

(1)治理要求;

(2)透明度和披露要求;

(3)消费者保护;

(4)报告要求;

---

① 参见《金融机构法》第20条。

② 参见《金融机构法》第26条。

③ 参见《金融机构法》第23条。

(5)与非银行金融机构的监管与规定的其他事项。[①]

(三)有关外资银行代表处的规定

依据缅甸新《金融机构法》,想要在缅甸设立代表处的外资金融机构应当取得缅甸中央银行发放的注册登记证书。[②] 代表处只能从事缅甸中央银行明确规定的活动或业务。任何外资金融机构均不得通过其代表处在缅甸境内从事任何银行业、发展银行业或非银行金融机构的业务。[③]

十、外汇活动

根据缅甸2012年《外汇管理法》,《外汇管理法》规制的外汇活动如下:

(1)国内的外币支付行为;

(2)国内其他使用外币支付的行为;

(3)国际支付及外汇兑换;

(4)在国内购买和出售外币。[④]

根据缅甸中央银行的管理规定,外汇和其他支付票据只可以在缅甸与其他国家之间转移。其他方式的转移只有在获得外汇许可证之后方可转移。只有经过授权的经销商才可以进行外汇交易,有营业执照的兑换商只能兑换外币现金和旅行支票。[⑤]

---

① 参见《金融机构法》第22条。

② 参见《金融机构法》第24条。

③ 参见《金融机构法》第26条。

④ 参见《外汇管理法》第6条。

⑤ 参见《外汇管理法》第7条、第8条、第9条。

第九章　缅甸争端解决机制

在缅甸投资的外国投资者在其商务活动中有可能与相关方产生纠纷。为及时化解纠纷、解决争议，防止争端扩大化或复杂化，缅甸投资委员会拟建立一套专门的争端解决程序，争端双方可以通过该程序提出索赔并寻求获得损害赔偿。并且，按照要求，投资者与联邦之间或投资者之间，与投资有关的任何争议在提交法院或仲裁机构前，争议各方均应尽最大努力尽可能友好地处理争端。这意味着，投资争议一般应友好解决；如不能友好解决，当事方可按照协议中约定的争端解决机制来加以解决；协议中未约定的，则依据缅甸联邦共和国现行法律加以解决。①

具体而言，根据《投资法》，缅甸投资委员会有协助争议双方处理争议的职能。投资者应根据具体情况将争议基本情况汇报给缅甸投资委员会；在投资各方的争议演变成法律纠纷前，投资委员会按照其职能应尽可能协调并处理争议。并且，法律要求缅甸投资委员会在24个月内建立一套可行的争端解决程序，但该程序对争议的解决是否有帮助仍有待观察。同时，根据法律，

---

① 参见《投资法》第84条。

缅甸投资委员会还应成立投资者协助委员会，并依据缅甸投资规范来解决争端。投资者协助委员会的任务是协助缅甸投资委员会建立申诉机制，受理投资者对政府机构提出的申诉或接收争议通知书。投资者协助委员会还享有一些辅助性权力，如在收到投资者的申诉后，针对该问题有权和任何政府部门协商，并有权要求相关权力部门会见投资者以解决争议，或建议缅甸投资委员会主席与争议相对部门部长协商解决此事。[①] 如通过上述机制仍不能友好解决，当事方则可按照协议中约定的争端解决机制加以解决。如协议中未约定争端解决机制，则应依据缅甸联邦共和国现行法律加以解决。

一、缅甸的法院体系

缅甸实行四级法院制度。缅甸法院体系根据2008年《宪法》、2010年《联邦司法法》以及《第20号联邦判例法》组织并运行，分为四级：联邦最高法院，它为国家最高司法机关；省高等法院或邦高等法院；县法院、自治州法院或自治县法院；镇区法院或依法成立的其他法院。省、邦辖区内非自治地区设县法院和镇区法院；有自治的地区则设自治州法院、自治县法院和镇区法院。联邦直辖区则设县法院和镇区法院。[②] 最高法院作为缅甸最高级别的法院，有权监督所有法院的司法和行政事务，包括对法官的任命（最高法院的法官除外，最高法院的法官属于首席法官，应由联邦政府任命）。镇区法院作为最基层的法院有权受理初审民事和刑事案件，可以向县法院以及自治州、自治县法院提出上诉，这些法院有权推翻一审判决。此外，缅甸还设有宪法法院、军事法院等专门法院。[③]

二、缅甸法院的管辖权

一般而言，缅甸法院对向缅甸国内的所有个人包括当地人或外国人，提起

---

① 参见《投资法实施细则》第166条、第167条。

② 参见张树兴：《东南亚法律制度概论》，中国人民大学出版社2015年版，第12页。

③ 参见一带一路沿线国家法律风险防范指引系列丛书编委会：《一带一路沿线国家法律风险防范指引》，经济科学出版社2016年版，第228～229页。

的所有民事诉讼具有管辖权，而具体则应根据争议类型、争议数额、争议双方的具体位置或行为发生地等确定初审受理法院。如果双方在管辖条款中明确选择缅甸法院作为争议解决法院，则缅甸法院对该案具有管辖权，但根据《合同法》排除缅甸所有法院管辖权的条款无效。①

三、缅甸商事诉讼

根据缅甸《联邦审判法》第53条的规定，缅甸邦法院、自治县法院、县法院对刑事和民事案件的初审以及依法规定的其他案件具有司法管辖权。② 镇区法院仅处理轻微的刑事案件以及涉案金额较低的民事案件。每个省邦法院、县级法院以及镇区法院均有权依据最高法院的指示，以独任的形式对案件作出判决。③

根据程序法，商事诉讼以及民事诉讼均从原告的陈述开始，该陈述必须包含法院有权审理的相关事实、构成诉因的事实、案件发生时间以及原告的诉讼请求。而原告如果基于其所占有或取得的法律文件起诉，其必须在出庭时出示该文件，并须将文件或其副本归档于诉状中予以提交。此外，法律规定，还有两种单独的文据清单须与诉状一并提交：一种是原告在诉状中列出期望作为证据但其却无法占有或无权取得的文件；另一种则是原告作为证据列出并已占有或取得的文件。

原告提起诉讼后，法院会向被告签发传票，要求其在指定日期出庭应诉。传票会告知被告出示其所持有的能够支持其主张的所有法律文件。缅甸法院的传票须由法院传票送达员送达，不得由私人或律师事务所送达。在应诉期间，被告通常会有一周或两周的时间准备并提交书面陈述即应诉状来应诉，即相当于其他普通法司法管辖区的辩护。根据法庭惯例，除非是被告的反诉（如有），否则，原告不对被告的书面陈述进行答辩。一旦提交了诉状和答辩状，法院将审查这些文件，并着手确定该案种的争议问题。继而，法院将确定一个审理日期，通过庭审来厘清案件事实和要点。在审理阶段，当事人可以提出申请，

---

① ［澳］奥普蒂克：2000年《缅甸商事诉讼及法律规则》。

② 参见李晨阳、金洪涛：《缅甸法律法规汇编》，经济管理出版社2014年版，第368页。

③ ［澳］亚力克·克里斯蒂：2000年《缅甸商业诉讼的法律规则》。

要求出示和检查法律文件(如有)。此外,法院将确定一个日期对证人进行质询。

根据缅甸联邦最高法院于2017年发布的《2016年年度报告》显示,2016年联邦最高院受理民事案件2495起,审结2350起;其他各级法院总共受理的民事案件计42,000多起,审结40,000多起。就审理时间而言,根据《2016年年度报告》统计,最高法院99%的民事案件可以在6个月内审结,高级法院民事案件中的24%需要花费1年以上时间,地区法院民事案件的56%需要花费1年以上时间(其中,8%的案件需要花费3年以上时间),而基层镇区法院15%的民事案件需要花费1年以上时间。① 而根据世界银行旗下"Doing Business"组织发布的数据,在缅甸通过法院诉讼方式使原合同最终得以履行需要耗时1160天,以及花费相当于诉讼标的51.5%的法律费用(含诉讼费、律师费等)。②

就诉讼程序而言,缅甸更接近于英美法系的诉讼程序,目前,缅甸适用的为1908年英殖民时期制定的《民事诉讼法典》。

(一)诉讼中的取证

在缅甸民事诉讼中,举证程序一般是从原告陈述案件事实和出示证据来支持他们必须证明的问题开始的。接着,由被告陈述其案件事实并出示证据(如有)。之后,他们一般会向法庭陈述整个案件情况,然后原告有机会就整个案件对被告的答辩进行全面的回应。并且,缅甸《证据法》第138条规定了对证人的质询程序。由于没有通过宣誓证词提交证人证据的惯例,因此,法院首先会对证人进行审查,其次是询问,最后是重新问询。根据缅甸《刑法典》第193条的规定,如果证人被发现故意提供虚假证据或伪造证据,法庭可对其予以严厉的惩罚,如高达7年的监禁等。在实务中,已经有对行为不当证人实施前述严厉制裁的判例报道。在证人出庭作证和取证完毕后,法院将确定一个日期由当事人各自陈述诉讼请求(最后陈述)。此后,法院必须作出判决。

---

① 缅甸联邦最高法院:《2016年年度报告》,第21~34页。

② See World Bank,"D2019 Ease of Do Business Score", accessed May 23,2019, http://www.doingbusiness.org/en/data/exploreeconomies/myanmar.

（二）诉讼费用

总的来说，缅甸法院向双方当事人收取的诉讼费用是非常低的。根据缅甸最高法院 2015 年公布的信息，法院收取的诉讼费用介于 15,000 ~ 50,000 缅元，即不到 50 美元。

（三）上诉

根据诉讼程序，除非双方同意法院的判决，否则当事人对于法院行使初审司法管辖权所作出的判决享有上诉权。高等法院的任何下级法院通过上诉程序作出的判决如有以下情形的，可向高等法院提起第二轮上诉：

1. 该判决违反了法律或者某些具有法律效力的惯例；

2. 该判决未能确定一些法律或者具有法律效力的惯例上的实质性问题；

3. 存在本法或其他法律规定的程序上的重大错误或缺陷，并可能导致对案件事实的判决有错误或缺陷的；或者

4. 案件涉及不动产或者涉案金额超过 100 万元的，上诉法院修改或者撤销了原审法院的判决，且可以提出充分的上诉理由的。①

并且，法律规定，如果满足相关条件，当事人还可向最高法院提起第三轮上诉。第三轮上诉须符合以下条件。首先，该案件必须被证明适于上诉至最高法院。要实现这一点，上诉人只需证明该案件具备前述规定的 4 项理由之一。其次，在法院对上诉案作出维持原判的裁决或终审裁定后，当事人又立即上诉至法院的，该上诉必须被证明涉及一些实质性的法律问题。最后，根据最高法院的决定，可以允许一方当事人进行所谓的特别上诉，由 3 ~ 7 名最高法院法官组成的合议庭进行审理。

四、仲　裁　法

缅甸已加入 1958 年《纽约承认和执行仲裁裁决公约》（以下简称《纽约公约》），为执行该公约，缅甸议会于 2016 年 1 月 5 日根据联合国国际贸易法委员

---

① 参见缅甸联邦《民事诉讼法典》第 100 条。

会的《示范法》通过了《仲裁法》(The Pyidaungsu Hluttaw Law No. 5/2016)(以下简称新仲裁法),即日生效,1944 年《仲裁法》也在同日宣告失效,新仲裁法对缅甸仲裁制度作出了较明确的规定。[①] 此外,《投资法》也规定,如果缅甸联邦政府或政府企业与外国投资者发生争议,可以提交仲裁委员会进行仲裁。

新仲裁法在对外国仲裁裁决的承认及执行方面全面贯彻《纽约公约》,其仲裁的受诉范围不仅包括外国仲裁案件,还包括缅甸范围内的仲裁案件。随着新一波外国直接投资源源不断地涌入缅甸,更需要可靠的方法来解决涉及国际投资者的商业争端。

2019 年 8 月 3 日,经过缅甸联邦工商业联合会(Union of Myanmar Federation of Chambers of Commerce and Industry,UMFCCI)多年筹备,缅甸第一家境内仲裁机构缅甸仲裁中心(Myanmar Arbitration Centre)正式成立。除某些事项法院具有专属管辖权而必须由法院加以处理外(如根据《公司法》,申请破产必须提交缅甸法院),大多数商事争端都可根据新仲裁法在缅甸仲裁中心进行仲裁。

(一)仲裁协议的要求

仲裁协议是指当事人双方达成的、自愿将他们之间可能发生或已经发生的争议提交仲裁的意思表示。[②] 仲裁协议关系仲裁管辖权的确定,是仲裁程序的前提。根据新《仲裁法》第 9 条的规定,仲裁协议包括单独的仲裁协议以及合同中的仲裁条款两种类型,必须是书面形式。仲裁协议经当事人签字后视为书面,并包括通过电子通信达成的协议。即使仲裁庭认为合同无效,合同中包含的仲裁条款或协议也将继续执行。新《仲裁法》还规定,仲裁庭可以在自己的管辖权范围内作出裁决。

根据仲裁的一般原理,仲裁法要求双方当事人事先须就仲裁程序达成一致,即充分尊重当事人的意思自治。新仲裁法也充分体现了这一原则,而仅有极少数强制性的规定,主要涉及:(1)自然公正的一般原则,如要求双方平等对待,并给予每一方充分的机会陈述情况;(2)要求仲裁员披露可能对他/她公正

---

① 参见国家开发银行编著:《"一带一路"国家法律风险报告》(上),法律出版社 2016 年版,第 310 页。

② 参见张斌生:《仲裁法新论》(第 4 版),厦门大学出版社 2010 年版,第 65 页。

裁决产生影响的任何情况。

(二)仲裁庭的仲裁管辖权

新仲裁法对自裁管辖权原则予以确认,基于该原则,仲裁庭可以自主决定其对争议事项是否拥有管辖权,有权对仲裁协议的存在或效力的异议作出裁决。新仲裁法同时承认仲裁条款的独立性原则。根据新仲裁法,除非当事人另有约定,仲裁庭可以在其管辖权内自行裁决,包括对仲裁协议的存在或效力的任何异议等。依据该法第 18 条的规定,合同内的仲裁条款应视为独立于合同其他条款的协议。此外,仲裁庭认为本合同无效不影响该合同中仲裁条款的效力。

仲裁庭可以对其不具有管辖权的案件进行裁决,但当事人有权向法院提出异议。当事人认为仲裁庭无管辖权的,可以向法院提出管辖权异议,在法院受理而未作出裁定前,仲裁庭应继续其仲裁程序。任何一方对仲裁裁决是否是在有管辖权情形下作出而持有异议的,可以在收到仲裁裁决之日起 30 日内向法院提出。

(三)仲裁庭签发暂时法令的权力

根据新仲裁法,除双方另有约定外,仲裁庭就如下事项有权决定、命令或指令任一方:

(1)提供费用担保;

(2)披露文件或交叉询问;

(3)通过宣誓证词提供证据;

(4)保管、临时监管或销售争议财产;

(5)对作为或争议一部分的财产进行取样或对其进行观察或实验;

(6)为诉讼目的,保存和暂时保管证据;

(7)确定争议金额;

(8)临时禁令或其他临时措施。

同时,仲裁庭有权要求当事人或证人宣誓。仲裁庭如认为有必要,可以采取调查程序。如原告有下列情况,则仲裁庭不得要求原告单独提供费用担保:

(1)居住在缅甸联邦共和国境外的个人;

(2)依据联邦法律成立的公司或团体。

仲裁庭在仲裁过程中作出的所有决定、命令或指令,均可依照本条规定向法院申请执行。①

(四)任命仲裁员

依据新仲裁法,在仲裁协议未约定仲裁员人数的情况下,仲裁员默认为1名。如果约定不止1名,则总人数应为奇数。依据新《仲裁法》第33条规定,仲裁庭的裁决必须由其过半数成员作出,但程序问题除外;仲裁庭经当事人或全体成员授权,可由首席仲裁员就程序问题作出裁决。②

按照新仲裁法的规定,除双方另有约定外,任何国籍的公民均可担任仲裁员。仲裁员任命的程序如下:

1. 双方可自由协商确定任命仲裁员的程序;

2. 如双方对任命程序进行了约定,则必须按照约定程序任命仲裁员。如一方当事人未指定仲裁员、双方当事人或2名仲裁员未能就第3名仲裁员达成一致,受托的第三方或机构不履行职责的,以及仲裁协议中没有约定仲裁员任命程序的,任何一方当事人均可要求首席法官或其指定的人员/机构采取必要措施。

3. 如未能达成第1条所述的协议,则:

(1)仲裁庭如由3名仲裁员组成,则各方指派1名仲裁员,2名指定仲裁员再共同选择第3名仲裁员,即仲裁庭的首席仲裁员。如果一方当事人在收到对方发出的指定仲裁员通知后30日内,未能指定仲裁员,或已指定的两名仲裁员被确定之日起30日内未能确定第3名仲裁员人选,经一方当事人请求,由首席仲裁员或首席仲裁员指定的其他任何人员/机构确定仲裁员。

(2)只有1名仲裁员独任的仲裁庭,如一方当事人在收到对方发出的指定仲裁员通知后30日内,未指定独任仲裁员,经一方当事人请求,则首席法官或其指定的人员/机构,有权指定仲裁员。

4. 首席法官或其指定的人,在委任仲裁员时,应充分考虑双方在仲裁协议中所要求的仲裁员资格,同时,还需考虑其选定的人是否能够成为独立、公正的

---

① 参见2016年《仲裁法》第19条。

② 参见吴奕盈:《缅甸仲裁制度新发展述评》,载齐树洁主编:《东南司法评论》(2017年卷·总第10卷),厦门大学出版社2017年版,第512页。

仲裁员；

5. 首席法官或其指定人员/机构委任的仲裁员应履行上述第 1 项和第 2 项所确定的义务；

6. 在任命国际仲裁庭的独任或第 3 名仲裁员时，如双方当事人国籍不同，则首席法官或其指定人员/机构在委任仲裁员时，应考虑任命双方当事方所在国以外国家的仲裁员；

7. 对首席法官或其指定人员/机构所作出的决定，不得上诉。[①]

（五）仲裁规则

依据新仲裁法，仲裁规则可分为两部分：国内仲裁规则和国际商事仲裁规则。

从法律层面来讲，缅甸商事仲裁可以分为两个阶段。

第一阶段为 2013 年以前，彼时的缅甸在商事仲裁领域无论是法律层面还是实践层面都是较滞后的，当时适用的是《1944 年仲裁法》，该法在诸多方面已经落后于国际通行的仲裁实践（详见后文分析）。此外，由于缅甸当时尚未加入《纽约公约》，外国仲裁协议和仲裁裁决在缅甸的执行只能依据缅甸于 1937 年制定的《1937 年缅甸仲裁法（议定书与公约）》进行，而该法根据《关于承认仲裁条款的日内瓦议定书》与《关于执行外国仲裁裁决的日内瓦公约》制定。而当时的缅甸并没有成立仲裁机构，因此，仲裁只能采取临时仲裁（ad hoc）的方式进行。

第二阶段为 2013 年至今，自 2013 年加入《纽约公约》开始，缅甸的商事仲裁制度建设进入了改革通道。2016 年通过的《仲裁法》以《联合国国际贸易法委员会示范法》（2012 年）（UNCITRAL Model Law）为蓝本，使缅甸的商事仲裁法律大步跨入了较先进的国家的行列。

随着缅甸仲裁相关立法的完善和缅甸仲裁中心的成立，商事仲裁在缅甸进一步发展是有可能的。国际商事仲裁条款在缅甸已经被较广泛地接受。

如仲裁地在缅甸联邦共和国范围内，则：

1. 在国内仲裁中，仲裁庭应根据缅甸联邦共和国现行实体法，解决仲裁争议；

2. 在国际商事仲裁中：

---

① 参见 2016 年《仲裁法》第 13 条。

(1)仲裁庭应根据双方选定的仲裁规则进行裁决;

(2)除当事人另有约定外,当事人双方所指定的任何国家的法律或法律制度均应直接解释为实体法而非法律冲突规则;

(3)如出现第(1)项提到的情形,未指定仲裁法,则仲裁庭有权适用其认为合适的任何法律。

如双方明确授权,则仲裁庭应公正、公平、合理地解决该争议。在任何情况下,仲裁庭均应根据合同条款,同时,充分考虑交易的行业惯例作出裁决。

(六)外国仲裁裁决的执行

缅甸新仲裁法的进步之一,便是对国际仲裁与国内仲裁作了重要区分。该法第3条明确了国际仲裁应具备以下因素:

1. 一方的营业地和贸易活动在缅甸境外;
2. 当事人约定的仲裁地在营业地国之外;
3. 主要义务履行地或与争议事项有最密切联系的地点在营业地国之外;
4. 各方确认争议事项涉及不止一个国家。

根据上述条文的含义,各方可以在仲裁协议中确认争议事项涉及不止一个国家,以明确其有国际仲裁的意图。国际仲裁以外的其他仲裁,被视为国内仲裁。由此可以看出,国内仲裁与国际仲裁的概念在新仲裁法中是相互排斥的。需要区分的另外一个概念是“外国仲裁”裁决,它指的是缅甸加入的《纽约公约》其他成员国的仲裁裁决。

缅甸签订了针对仲裁条款的1923年《日内瓦议定书》和针对外国仲裁裁决执行的1927年《日内瓦公约》(统称为《议定书》)。该议定书规定对签署国所作出的仲裁裁决,缅甸将予以承认并执行,同时该议定书也授予缅甸作出仲裁裁决的权利。

该议定书规定缅甸承认和执行签署国所作出的外国仲裁裁决,并授予缅甸仲裁裁决的权利。尽管《议定书》在某些方面已经被联合国国际商事仲裁会议以及1958年《纽约公约》所取代。但是,只有在作出仲裁裁决的国家和执行国均为缔约国,且这些国家受到《纽约公约》约束的情况下,《纽约公约》才可取代《议定书》。

除根据如下(1)(2)项所提及的情况拒绝执行仲裁裁决外,均应按照《民事诉讼法》的规定，依照执行法院裁决的方式执行该仲裁裁决。

1. 如被申请方当事人向法院提供如下证据，则法院可以拒绝承认外国仲裁裁决：

(1) 仲裁协议的当事人为限制民事行为能力人；或

(2) 依据当事人所在国家的法律上述仲裁协议无效，或根据裁决国家的法律仲裁协议无效；

(3) 如未通知被申请人选定仲裁员或未将仲裁程序通知被申请人或其他致使其没有机会陈述案情的情况；或

(4) 该裁决所处理的事项超出仲裁受理范围、超出仲裁请求范围，或超出裁决范围；

(5) 仲裁庭的组成或仲裁程序违反双方当事人在协议中约定，或协议中未约定，或不符合仲裁地国家法律的；或

(6) 该裁决尚未对双方产生约束力，已被作出裁决国家的权力机关撤销或暂停，或据以作出的法律已经被撤销或废除的。

2. 如法院发现有如下情形，则可拒绝执行外国仲裁裁决：

(1) 根据缅甸联邦共和国法律，争议的主要事项不能通过仲裁进行裁决；或

(2) 执行该仲裁裁决损害缅甸联邦共和国国家利益（国家政策）的。

3. 如一方向权力机关申请暂时中止执行该仲裁裁决，法院认为理由合理，可以暂缓执行，也可以依据申请执行一方的申请，责令对方提供相应担保。①

（七）对仲裁裁决和法院判决的上诉

依据法律，国内仲裁裁决产生法律争议的，争议当事人可以向有管辖权的法院提起诉讼。无论法院受理与否，当事人都不得再次提起诉讼。按照法律的规定，只要符合以下情况，法院都会受理：(1) 仲裁庭就争议问题作出的决定在实质上影响到当事人或当事人的权利；(2) 仲裁庭就争议问题作出的裁决明显错误。②

因此，具有管辖权的法院可以根据当事人的申请，经过审理可以作出：

1. 核准该裁决；

---

① 参见2016年《仲裁法》第46条。

② 参见2016年《仲裁法》第42条。

2. 修正裁决；

3. 发回重审；

4. 将仲裁裁决的全部或部分驳回。

然后，争议当事人可以基于法院的裁定而申请上诉，包括法院对仲裁程序和仲裁庭管辖权及临时命令等问题作出的裁定。①

五、外国判决在缅甸的执行

执行外国判决对跨国公司或外国私人投资者的商业活动来说，是一项非常重要的司法程序。该情形的出现主要是因为，判决由外国法院作出，但为维护被告的主张，该判决必须在他国法院执行。在缅甸执行外国法院的判决首先须将外国法院的判决提交给缅甸法院。但在实践中，外国投资者在与国有企业合作时，就应充分考量外国法院对所作判决的执行能力，以及国有资产是否可以被执行等问题。

依据相关法律，缅甸法院对于有司法管辖权的法院所作出的判决将会予以执行。《民事诉讼法》第 13 条规定，对于双方当事人相同的案件或涉及同一诉讼标的的案件，外国法院可以直接作出判决。

但是，事实上，缅甸与其他国家在执行或承认外国判决方面没有任何协议。并且，到目前为止，在投资领域，缅甸的法院尚未涉及任何执行外国判决的案件，这一事实需要赴缅投资者予以重视。但从理论上说，缅甸执行外国判决或仲裁裁决，应符合最低国际标准即在商业诉讼中同时兼顾外国投资者和当地投资者的利益。根据这一观点，商业活动所产生的争议应在确保缅甸国家经济发展的同时，通过协调的法律和规范的判决来加以解决。

如前所述，缅甸没有签署专门的针对外国判决执行的协议，也不是相关多边国际公约的缔约国，但根据《民事诉讼法》第 13 条、第 14 条规定，由有管辖权的其他国家法院作出的判决，该国对该被告或涉案相关财产有管辖权，缅甸法院均予以承认。

《民事诉讼法》第 13 条规定如下，“对于双方当事人相同的案件或涉及同一

① 参见 2016 年《仲裁法》第 46 条。

诉讼标的的案件,外国法院可以直接作出判决”。但在如下情形中,外国法院的判决并非最终或决定性判决:

(1)有管辖权的法院尚未宣判;

(2)外国法院的判决没有告知案件的案情;

(3)诉讼程序基于错误的国际法观点进行或者在适用此类法律时拒绝承认按缅甸联邦法律中正确适用法律的判例;

(4)诉讼程序违反自然正义原则;

(5)在欺诈的基础上作出判决;

(6)如维持该诉讼请求,将违反缅甸联邦法律。①

《民事诉讼法》第14条规定,法院应假定在提供经证明确为外国判决的副本文件时,该判决是由一个有管辖权的法院宣布的,除非在记录上有相反的情形;但是,这样的假设可能会被证明缺乏管辖权而被取代。因此,缅甸法院将根据《民事诉讼法》第14条所规定的标准,对外国判决进行重点审查。②

六、缅甸法院判决的执行

判决的执行应被视为法院命令的执行。在缅甸,一项判决可以由作出判决的法院或者由被送交执行的法院来执行。经判决文书持有人的申请,作出判决的法院可以将判决交由另一法院执行。法院在执行交由其执行的判决时,其执行的权力等同于执行其本院的判决。所有违反或妨碍判决执行的人,皆会受到法院的惩罚。上诉案件判决的执行程序与非上诉案件判决的执行一致,其遵循的是相同的执行原则。依据法律,法院对判决的执行涉及下述内容的,还应遵守其他规章制度的规定:

(1)移交任何有特别规定的财产;

(2)销售查封扣押或者未查封扣押的财产;

(3)被拘留或逮捕于监狱;

---

① 参见1809年《民事诉讼法》第13条。

② 参见《关于在缅甸执行民事案件判决的国家报告》,载法学知识网:https://www.lexology.com/library/detail.aspx? g=f93c1d5e-ab73-4775-81b9-eb0b298b9d7f.,最后访问日期:2020年4月30日。

(4)指定一个(破产)财产接管人;

(5)其他可能需要救济的情形。

但是,法律规定,如果是支付款项的判决,则不能在未给予债务人就不宜收监进行充分抗辩的前提下对其进行收监执行。①

七、协议项下的争端解决方式

根据缅甸所签的与投资有关的相关国际条约,如东道国违反条约,则投资者可依据条约规定及合同的约定,通过投资者与国家间的投资争端解决机制加以解决。实务中为数不少的投资纠纷是通过投资者与国家间的投资争端解决机制加以处理的。与之相比,仅有少数情况可通过国家间争端解决机制加以处理,即如国家违反条约规定,守约国可依据双方所签的相关条约提请国家间争端解决机构加以处理。在实践中,投资争端的解决投资者与国家间争端解决机制远比国家间争端解决机制重要。②

目前,缅甸签署了12个双边投资协定。同时,其作为东盟和东盟全面投资协定的成员国,已签署了多项多边协定。而缅甸所签的双边投资协定,其中也规定了包括国际仲裁在内的争端解决机制(见表12)。

表12　缅甸所签主要全边投资协定

缅甸投资条约	争端解决机制	特点
与中国的双边投资协定	经过谈判后,争端可提交至: 1. 合同当事人、争端当事人的主管法院; 2. 仲裁: (1)国际投资争端解决中心(International Centre for Settlement of Investment Disputes, ICSID); (2)或者特设法庭	——在谈判之后,投资者可以在3种争端解决机制中进行选择:某国国内法院或仲裁; ——仲裁:国际仲裁 ——特设法庭

① [缅]道南因坎:《缅甸法律与司法制度介绍》,载新加坡国立大学亚洲法律研究中心网:http://law.nus.edu.sg/cals/pdfs/wps/CALS - WPS - 1402.pdf,最后访问日期:2020年5月1日。

② Jonathan Bonnitcha, "Myanmar's Investment Treaties: A Review of Legal Issues in Light of Recent Trends", IISD REPORT 6, 2014, p.3.

续表

<table>
<tr><th>缅甸投资条约</th><th>争端解决机制</th><th>特点</th></tr>
<tr><td>与韩国的双边投资协定</td><td rowspan="5">经过谈判或协商后，争端可提交至：
1. 合同当事人、争端当事人的主管法院；
2. 仲裁：
(1) 国际投资争端解决中心(若可适用)；
(2) 国际投资争端解决中心补充程序(若可适用)；
(3) 联合国国际贸易法委员会；或者
(4) 其他仲裁机构</td><td rowspan="5">——典型的东盟争端解决条款：经过谈判或协商后，投资者可以在两种争端解决机制中作出选择：某国国内法院或仲裁。
——仲裁：有多种仲裁程序可供选择，包括国际投资争端解决中心和国际投资争端解决中心补充程序。
——目前，在双边投资协定实践中只有国际投资争端解决中心补充程序可适用</td></tr>
<tr><td>东盟全面投资协定</td></tr>
<tr><td>东盟－印度全面投资协定</td></tr>
<tr><td>中国－东盟全面投资协定</td></tr>
<tr><td>东盟－韩国全面投资协定</td></tr>
<tr><td>与日本的双边投资协定</td><td>经过协商后，争端可提交至仲裁：
(1) 国际投资争端解决中心(若可适用)；
(2) 国际投资争端解决中心补充程序(若可适用)；
(3) 联合国国际贸易法委员会；或者
(4) 其他仲裁机构</td><td>——缅甸只有该双边投资协定没有提到国内法院——如果协商失败，只能进行国际仲裁。
——除了临时性仲裁，还有两种仲裁可能适用(包括国际投资争端解决中心和国际投资争端解决中心补充程序)。
——对于国际投资争端解决中心和国际投资争端解决中心补充程序的仲裁不能进行选择，而是取决于各方在国际投资争端解决中心中的成员资格。
——目前，在本双边投资协定实践中只有国际投资争端解决中心补充程序可适用</td></tr>
</table>

续表

<table>
<tr><th>缅甸投资条约</th><th>争端解决机制</th><th>特点</th></tr>
<tr><td>与印度的双边投资协定</td><td rowspan="2">经过谈判后，争端可提交至：
1. 合同当事人、争端当事人的主管法院；
2. 调解；
3. 仲裁：
(1) 国际投资争端解决中心（若可适用）；
(2) 国际投资争端解决中心补充程序（若可适用）；或者
(3) 联合国国际贸易法委员会</td><td rowspan="2">——经过谈判或协商后，投资者可以在三种争端解决机制中作出选择：调解、国内法院或者仲裁。
——仲裁：有多种仲裁程序可供选择，包括国际投资争端解决中心和国际投资争端解决中心补充程序。
——对于国际投资争端解决中心和国际投资争端解决中心补充程序的仲裁不能进行选择，而是取决于各方在国际投资争端解决中心中的成员资格。在本双边投资协定实践中，两者均不可适用</td></tr>
<tr><td>与以色列的双边投资协定</td></tr>
<tr><td>与老挝的双边投资协定</td><td>经过谈判后，争端可提交至：
1. 合同当事人、争端当事人的主管法院；或者
2. 仲裁：
(1) 国际投资争端解决中心（若双方均为其成员）；或者
(2) 联合国国际贸易法委员会</td><td>——经过谈判或协商后，投资者可以在三种争端解决机制中作出选择：调解、国内法院或者仲裁。
——仲裁：有多种仲裁程序可供选择，包括国际投资争端解决中心和国际投资争端解决中心补充程序</td></tr>
</table>

根据缅甸现行的外资法，投资双方可以在协议中约定纠纷解决方式。在实践中，当事人选择的纠纷解决方式一般是当地的司法救济途径，即通过缅甸国内机制主张权利，如诉讼或仲裁。然而，投资者必须注意的是，由于一些因素影响，这两种方式在现实操作中皆存在不足。这主要体现在以下两点。其一，诉讼方式难以确保结果公正。由于缅甸国内存在一定程度的腐败问题，依照缅甸国内程序提起诉讼其判决的公正性遭受质疑。其二，在缅甸国内选择仲裁方式处理投资纠纷其可操作性不强。原因在于目前缅甸尚无专门的常设投资仲裁机构。并且，转型期的缅甸国内存在的不良社会风气同样可能对仲裁结果的公正性产生影响。

基于此，除选择缅甸国内救济途径外，赴缅投资的中国企业在遭遇纠纷时还可考虑中缅双边投资协定或双方所加入的其他协定中的争端解决机制处理纠纷。

其一,ICSID 机制处理争端。《中华人民共和国政府与东南亚国家联盟成员国政府全面经济合作框架协议投资协议》第 14 条第 4 款规定,如果争端双方有一方不属于 ICSID 成员,那么可依据 ICSID 于 1978 年制定并于 2006 年 4 月修正的《附加便利规则》(Additional Facility Rules)提交仲裁。该便利规则将那些不属于《华盛顿公约》范围的案件纳入管辖:当事方中有一方不是 ICSID 的缔约国或缔约国国民的投资争端;当事方至少有一方是缔约国或缔约国国民且非直接产生的投资争端等。可见,选择 ICSID 机制解决争端是可行的。但是,依据该途径解决争端依然存在一些不确定性,因为 ICSID 公约所规定的承认与执行机制只适用于其本身作出的裁决,便利规则作出的裁决不能依 ICSID 公约获得承认与执行,但应可适用《纽约公约》而向其他国家申请承认与执行。

其二,《东盟全面投资协定》中的争端解决机制处理争端。外国投资者还可以谋求《东盟全面投资协定》中的争端解决机制来解决争端。根据《东盟全面投资协定》,受保护的投资者范围由东盟成员国自然人、法人扩展至东盟以外的投资者,只要该投资者在东盟任一成员国境内设立法人;或第三国国民或法人对在东盟成员国设立的法人享有所有权或控制权并在该东盟成员国内开展实质性经营活动。依据国际法"有约必守"原则,东盟争端解决机制所作的裁决缅甸必须执行。当然,外国投资者以此路径解决争端仍存在一些局限性。因为,并不是所有赴缅投资的投资者都在东盟任一成员国内有经营实体或有实质性经营活动。并且,即使可行,但东盟之外的投资者依据东盟争端解决机制来解决争端还存在不经济等弊端,将会耗费更多的人力、财力等。[①]

---

① 参见王晟峰:《缅甸外国投资法研究》,西南政法大学 2014 年硕士学位论文,第 30 页。

附　录

附录 -1

根据缅甸投资委员会 2017 年第 15 号通知,仅允许政府投资的项目:

序号	投资项目类型	工业代码
1	政府随时通知明确涉及国家安全、与国防有关的产品制造产业	ISIC 2520
2	与国防相关的武器弹药制造和服务产业	ISIC 2520,CPC 447
3	发行国家邮票;代表联邦设立国家邮局、雇用工作人员	ISIC 1811、1812,CPC 326
4	航空运输服务业	见定义/依范围
5	领航服务业	CPC 6752
6	除减排企业外的自然森林管理行业	CPC 7221/72212
7	放射性金属研究与生产行业	ISIC 0721/07210
8	电力系统管理行业	CPC 8631
9	电力工程监管行业	CPC 8631

附录 –2

根据缅甸投资委员会2017年第15号通知，禁止外国投资者投资的项目：

序号	投资活动类型	工业代码
1	包括缅甸语在内的民族文字期刊的出版与发行	ISIC 5813，CPC 3241、8911、8912
2	淡水渔业及相关服务业	ISIC 0312，CPC 0421、8615
3	动物进出口检疫站的设立（家畜饲养和兽医部门应当对动物进行检查，并签发许可证）	CPC 8352、8359、8612
4	宠物护理服务行业	CPC 8351、86129
5	森林区及政府管理的林业区域内的林产品加工行业	ISIC 0220、0230
6	根据矿业法勘探、勘测、进行可行性研究，并为中小规模企业开发矿产的行业	ISIC 0510、0520、0710、0721、0729、0990
7	中小规模的矿物提纯行业	ISIC 2410
8	开钻浅层油井	ISIC 0610
9	印刷签发签证标签和外国人的居留许可证	ISIC 5819，CPC 89122、91210
10	玉石勘探开发生产行业	ISIC 0990、3211
11	导游服务行业	CPC 8555
12	迷你超市、便利店（地面面积 100 × 100 英尺以上或者 929 平方米）	CPC 62

附录 -3

根据缅甸投资委员会2017年第15号通知,仅允许外国投资者和当地企业或个人以合资的形式进行投资的项目:

序号	投资项目类型	注意事项	工业代码
1	建造鱼类登陆地点或渔港以及鱼产品拍卖市场	需要在渔业部门的法律、程序、指令和规章制度下开展	ISIC 5210
2	与渔业相关的研究项目	需要在渔业部门的法律、程序、指令和规章制度下开展	CPC 8114
3	兽医诊所	需要在畜牧业部门的法律、程序、指令和规章制度下开展	CPC 8351、8352、8559
4	农用地上耕种庄稼,向国内当地市场配送及国外出口	—	ISIC 011/0111、0112、4631、46312、4759、47593
5	塑料制品的生产及国内销售	—	ISIC 1511、1512、1520、46312、4759、47593
6	以现有自然资源为基础的化学用品的生产及国内配送	—	ISIC 2011、202、46312、4759、47593
7	易燃固体、液体、气体燃料和气溶胶的生产及国内配送(乙炔、汽油、丙烷、头发喷雾剂、香水、除臭剂、杀虫剂)	—	ISIC 201、202、46312、4759、47593
8	氧化剂(氧气、过氧化氢)和压缩气体(丙酮、氩、氢、氮、乙炔)的生产及国内配送	—	ISIC 201、202、46312、4759、47593

续表

序号	投资项目类型	注意事项	工业代码
9	腐蚀性化学品的生产及国内销售(硫酸、硝酸)	—	ISIC 201、2012、46312、4759、47593
10	压缩、液化、固化形式下的工业化学气体的生产及国内配送	—	ISIC 201、202、46312、4759、47593
11	有附加价值的谷物产品生产及国内配送,如饼干、煎饼、各种面条及粉条	—	ISIC 1074m 46312、4759、47593
12	包括可可、巧克力在内的各种糖果的生产及国内配送	—	ISIC 1073、46312、4759、47593
13	牛奶和乳制品以外的食物生产、加工、灌装、销售	—	ISIC 1075、46312、4759、47593
14	麦芽、麦芽酒及非碳酸产品的生产及国内配送	—	ISIC 1103、46312、4759、47593
15	各种酒精、酒、酒精饮料和无酒精饮料的生产、蒸馏、混合、精馏、瓶装及国内配送	—	ISIC 1101、1102、46312、4759、47593
16	各种纯净冰的生产及国内配送	—	ISIC 1079、46312、4759、47593
17	各种纯净水的生产及国内配送	—	ISIC 1105
18	各种肥皂的生产及国内配送	—	ISIC 2023/20231、46312、4759、47593
19	各种化妆品的生产及国内批发	—	ISIC 2023/20232、46312、4759、47593
20	住宅公寓和托管公寓的开发,销售和租赁	—	ISIC 4100/41001、6810,CPC 5411、7211

续表

序号	投资项目类型	注意事项	工业代码
21	当地旅游业务	—	CPC 8554
22	向海外医院运送病人的运输代理	—	CPC 93121

附录 –4

根据缅甸投资委员会 2017 年第 15 号通知，须经相关部门批准的投资项目：

序号		投资项目类型	限制条件	工业代码
1		须经内政部批准的投资活动		
	1	以麻醉药品及精神药品制造，配送的药物	这类商业项目须遵守有关易制毒化学品管控的规定	ISIC 2100
2		须经信息部批准的投资活动		
	1	平面媒体与广播媒体行业交叉持股	—	ISIC 6010、6020，CPC 8912、846、9616
	2	发行外文期刊报纸	—	ISIC 1811、5813，CPC 3241、8911、8912
	3	播放调频广播节目	—	ISIC 6010，CPC 8461、8462
	4	直接入户的广播项目	—	ISIC 6020，CPC 846
	5	第二代数字地面电视广播项目	—	ISIC 6020，CPC 846
	6	有线电视	—	ISIC 6020，CPC 846

续表

<table>
<tr><th colspan="2">序号</th><th>投资项目类型</th><th>限制条件</th><th>工业代码</th></tr>
<tr><td rowspan="10">3</td><td></td><td colspan="3">须经农业、畜牧和灌溉部批准的投资活动</td></tr>
<tr><td>1</td><td>与渔业和鱼类资源相关的项目</td><td>—</td><td>ISIC 03</td></tr>
<tr><td>2</td><td>海洋捕捞投资</td><td>—</td><td>ISIC 0311</td></tr>
<tr><td>3</td><td>兽医生物制品的生产及配送</td><td>需要在畜牧业部门的法律、程序、指令和规章制度下开展</td><td>ISIC 2100</td></tr>
<tr><td>4</td><td>兽药的生产及配送</td><td>需要在畜牧业部门的法律、程序、指令和规章制度下开展</td><td>ISIC 2100</td></tr>
<tr><td>5</td><td>畜牧业的商业投资</td><td>需要在畜牧业部门的法律、程序、指令和规章制度下开展</td><td>ISIC 014/0141、0142、0143、0144、0145、0146</td></tr>
<tr><td>6</td><td>家禽饲养场和孵化场的投资</td><td>需要在畜牧业部门的法律、程序、指令和规章制度下开展</td><td>ISIC 0146</td></tr>
<tr><td>7</td><td>基因研究、基因保存、动物品种的分布研究</td><td>需要在畜牧业部门的法律、程序、指令和规章制度下开展</td><td>ISIC 014、0162(01620)、7500</td></tr>
<tr><td>8</td><td>动物品种的进口、培育、销售(种畜、冷冻精子、冷冻胚胎)</td><td>需要在畜牧业部门的法律、程序、指令和规章制度下开展</td><td>ISIC 014、0162</td></tr>
<tr><td>9</td><td>检验动物饲料及动物产品安全的实验室服务</td><td>需要在畜牧业部门的法律、程序、指令和规章制度下开展</td><td>CPC 8112(81121)、8351、83520</td></tr>
</table>

续表

序号		投资项目类型	限制条件	工业代码
3	10	诊断动物疾病的实验室服务	需要在畜牧业部门的法律、程序、指令和规章制度下开展	CPC 8351、83520
	11	动物健康研究与监管服务	需要在畜牧业部门的法律、程序、指令和规章制度下开展	CPC 8351、8352
	12	畜种的进口、培育、国内销售、再出口	—	ISIC 0164、46312、4759、47593
	13	植物新品种的进口、培育、配送	—	ISIC 0130、46312、4759、47593
	14	农药、肥料、激素、除草剂等产品的生产、储存、配送和出口	—	ISIC 2021、2012、46312、4759、47593
	15	杂交种子的培育和出口	—	ISIC 0164
	16	农业相关的实验室服务	—	CPC 0161
	17	农业及农业产品的调查研究	—	CPC 8114
	18	季节性农作物的培育	—	ISIC 01/ 011
4		须经交通与通信部批准的投资活动		
	1	车辆登记检查	—	CPC 6799
	2	机动车驾驶培训学校业务	—	CPC 6799
	3	关于列车运行的铁路、站台、房屋的修建	—	ISIC 421/4210、410/4100
	4	列车运行	—	CPC 6739
	5	机车、车厢、货车及配件的生产与维修、铁路维护	—	ISIC 3020、3315
	6	列车运行的电力产业	—	ISIC 3510、35101

续表

序号		投资项目类型	限制条件	工业代码
4	7	与铁路相关的陆地港服务	—	ISIC 4220/42909，CPC 53112
	8	邮政业务	—	CPC 681
	9	电信业务	—	ISIC 612、613、619
	10	卫星通信项目	—	ISIC 2639、46312、4759(47593)
	11	雷达通信项目及相关设备的生产、配送	—	ISIC 2639、46312、4759(47593)
	12	无线电广播项目	—	ISIC 2639、46312、4759(47593)
	13	移动电话的生产及国内市场营销	—	ISIC 2632、46312、4759(47593)
	14	民用航空培训服务	—	见定义/依范围
	15	飞机修理和维修服务	—	见定义/依范围
	16	机场酒店服务	—	见定义/依范围
	17	地勤服务	—	见定义/依范围
	18	出售机票服务	—	见定义/依范围
	19	网上预订服务	—	见定义/依范围

续表

序号		投资项目类型	限制条件	工业代码
4	20	航空货物运输租赁服务	—	CPC 73116
	21	航空客运租赁服务	—	CPC 66031
	22	空运货代服务	—	见定义/依范围
	23	航线维修管控服务	—	见定义/依范围
	24	停机坪服务	—	见定义/依范围
	25	乘客服务	—	见定义/依范围
	26	行李托运服务	—	见定义/依范围
	27	货物装卸服务	—	见定义/依范围
	28	加油服务	—	见定义/依范围
	29	安检服务	—	见定义/依范围
	30	机场建设、维修、管理、运营服务	—	CPC 53122、53213、54122、54619
	31	国内航空运输服务	—	见定义/依范围
	32	国际航空运输服务	—	见定义/依范围
	33	飞机租赁相关项目	—	ISIC 7730，CPC 7312
	34	海事教育与培训中心项目	—	CPC 92919

续表

序号		投资项目类型	限制条件	工业代码
4	35	建造和修理船舶及海上建筑物的造船厂	—	ISIC 3011，CPC 6751
	36	沿海跟内陆客运服务	—	CPC 6423、6412
	37	沿海跟内陆货运服务	—	CPC 6521、6522
	38	水上运输配套服务	—	CPC 652
	39	国际旅客运输服务（不包括沿海地区）	—	CPC 6423
	40	国际货物运输服务（不包括沿海地区）	—	CPC 6521
	41	船舶租赁无船员	—	CPC 73115
	42	船舶租赁配备船员	—	CPC 6602
	43	拖船拖轮服务	—	CPC 65219、65229
	44	船舶拆除服务	—	CPC 94312
	45	船舶经纪服务	—	CPC 67910/ISIC 5229
	46	船舶标准检验服务	—	CPC 67990
	47	之字线/船台、造船厂、干/湿船坞、泥坞（方便入坞的狭窄浅滩水域）的建造；在河溪、浅滩、海滨边界引流建造防波堤、栈桥、码头	—	ISIC 4290
	48	在浅滩、滨海边界建造仓库、泥地、贮水池、集装箱院/港及相关设施	—	ISIC 4100
	49	内陆和港口建造	—	ISIC 4290
	50	航道保护与改造工程	—	CPC 54232
	51	港区及限港区的拓展	—	ISIC 4290

续表

序号		投资项目类型	限制条件	工业代码
4	52	港口及航道服务	—	CPC 5222
	53	沉船打捞救助服务	—	CPC 6753
	54	船舶代理服务	—	CPC 5229
	55	深水港及国际多用途港口服务	—	ISIC 4290
5		须经自然资源及环境保护部批准的投资活动		
	1	由政府安排在林地和森林覆盖地提取木材	—	ISIC 0220
	2	长期租用林地(保护林和受保护的公用林)基于生产目的建立植被种植产业	—	ISIC 02101、02102
	3	木制产业及相关服务业(有建立植被种植产业限制)	—	ISIC 02101、02102、16
	4	生态旅游	—	ISIC 791,CPC855
	5	进口、繁殖、销售转基因生物和活体转基因生物	—	ISIC 0164
	6	从事珍贵、稀有植物资源的育种、栽培、繁殖、组织等方面的高新技术研究和经营	—	ISIC 7210
	7	林业部门先进技术、研究、人力资源的发展	—	ISIC 024、7210,CPC 8140
	8	出于商业目的对野生动植物进口、出口、繁育和生产	—	ISIC 01、01499
	9	外商投资大规模矿产生产勘探、调查、可行性研究、勘察	—	ISIC 0710、0729、0899、0990
	10	民间投资中小矿业生产的勘探、调查、可行性研究、勘察	—	ISIC 0710、0729、0899、0990

续表

序号		投资项目类型	限制条件	工业代码
5	11	外商投资宝石、珠宝首饰及成品的生产与销售	—	ISIC 3211
	12	宝石、珠宝及其产品公民投资的探索、整理与营销	—	ISIC 0899、3211、3212
	13	珍珠养殖与生产	—	ISIC 03118、3211
	14	生产影响臭氧层的元素产业	—	ISIC 25
	15	造纸用纸浆的大规模制造	—	ISIC 1701
6		须经电力和能源部批准的投资活动		
	1	大型电力工程（电力项目超过30兆瓦的电力工程）	—	ISIC 3510、35101
	2	所有与电力系统相连的电力工程	—	ISIC 35102
	3	各类海上钻探施工设备、附件及部分设备的进口、生产、施工和安装	—	ISIC 2511
	4	石油、天然气和石油产品进口、运输、储存、分配和销售的储罐、装货港、管道、相关机械设备和建筑的建设和实施	—	ISIC 2512
	5	不同类型炼油厂的建设、老炼油厂的维护与升级及工作的实施	—	ISIC 41002
	6	通过地质、地球化学方法勘探、解释油气资源以及进口、生产、施工和安装相关油气勘探设备、附件和设备的一部分	—	ISIC 0910、0991、7120
	7	石油、天然气开采、生产和试验以及相关产业设备、附件及部分设备的进口、生产、安装	—	ISIC 0910
	8	石油、天然气运输和管道网建设以及相关施工设备、附件及部分设备的进口、生产、安装	—	ISIC 0910

续表

序号		投资项目类型	限制条件	工业代码
7		须经工业部批准的投资活动		
	1	疫苗生产	—	ISIC 2100
8		须经商务部批准的投资活动		
	1	零售服务	—	CPC 62
	2	批发服务	—	CPC 61
9		须经卫生及体育部批准的投资活动		
	1	私立医院服务	—	ISIC 8620
	2	私人一般卫生服务	—	ISIC 8620，CPC 93121
	3	私人流动医疗服务	—	CPC 93121
	4	私人护理保护服务	—	ISIC 8710(87102)，CPC 93210、93221
	5	私人传统医疗服务	—	ISIC 8620(86201)
	6	私人传统医疗诊所	—	ISIC 8620(86201)
	7	制造民间传统医药和医药产品	—	ISIC 2100(21001、21002)
	8	传统医药产品生产	—	ISIC 2100(21001、21002)
	9	传统医药原料(药材)贸易	—	ISIC 4620(46202)、4642(46421)、4772
	10	传统草药栽培与生产	—	ISIC 0128
	11	传统医学研究与实验室	这项业务应与传统医药部门的研发部门或医学研究部门的专家一起开展	CPC 81130
	12	疫苗及诊断试剂盒的研制	这项业务应与医学研究部疫苗研究分部一起开展	ISIC 2100，CPC 81130

续表

序号		投资项目类型	限制条件	工业代码
10		须经建设部批准的投资活动		
	1	建设部管理的所有道路、所有现有道路上的平行道路、必要时新建的城市过街公路,所有道路都与这些道路相连	建设部对道路面积实行管理。凡在道路区域内实施的事项,均需经建设部批准	ISIC 4210
	2	高架快速路、隧道、内环路、外环线、互通立交、地下通道、过桥、立交桥、半地下道路和潜水隧道的施工	—	ISIC 4210(42103、42104、42105、42101、42102)
	3	超过180英尺及以上的桥梁施工	—	ISIC 4210(42102)、(42103)
	4	桥梁连接件(PC钢绞线、PC杆、锚具等)、钢框架、框梁、板梁、钢桁架、桥梁及相关钢结构混凝土、钢混凝土、混凝土抗压强度等的生产和国内销售	—	ISIC 2395、24100
	5	超过100英亩的城市发展	—	ISIC 4100、421、422,CPC 532、(53290)
	6	与工业区有关的50,000平方米和经济适用房的住宅小区的建设和销售	—	ISIC 4100、6810
	7	除仰光、内比都、曼德勒外,在该地区或邦首府超过4英亩土地的城市再开发	—	ISIC 4100、421、422、4290,CPC 532(53290)
	8	新城市/城镇的发展	—	ISIC 410、421、422,CPC 5411、8321

附录 -5

缅甸投资委员会(MIC)2017 年第 13 号通知关于鼓励投资的行业分类:

序号		商业部门/行业类型	工业代码
(A)		农业及其相关服务(种植及生产烟草、烤烟除外)	
	1	除水稻外,种植农作物、豆类和油料作物品种	ISIC 0111
	2	水稻栽培与生产	ISIC 0112
	3	蔬菜、黄瓜、块根作物的栽培	ISIC 0113
	4	甘蔗栽培	ISIC 0114
	5	棉花和同类纤维织物的栽培	ISIC 0116
	6	一年生作物栽培	ISIC 0119
	7	葡萄栽培(多年生作物)	ISIC 0121
	8	热带、温带果树栽培(栽培香蕉、芒果、榴莲、红毛丹、番木瓜、菠萝、火龙果、罗望子、牛油果、菠萝蜜、山竹、龙眼、鳄梨、无花果、椰枣等热带温带水果)	ISIC 0122
	9	柑橘的栽培(柚子、甜橙、柠檬、酸橙、橙子和其他种类的橙子和柠檬)	ISIC 0123
	10	坚果(番石榴、棕榈、大麻、苹果、荔枝及梨等)栽培以及其他坚果栽培	ISIC 0124
	11	其他果树和坚果的栽培	ISIC 0125
	12	油料作物栽培	ISIC 0126
	13	栽培植物(咖啡、茶、可可和其他有心植物的栽培)	ISIC 0127
	14	调味植物、芳香植物、吸入剂和药用植物(胡椒、甜辣椒、辣辣椒、肉豆蔻、姜、姜黄等调味料的栽培)	ISIC 0128
	15	其他多年生作物的栽培	ISIC 012/ ISIC 0129
	16	植物育种和增殖	ISIC 0130
	17	农作物生产支持活动	ISIC 0161
	18	收获后作物活动	ISIC 0163

续表

序号		商业部门/行业类型	工业代码
(A)	19	种子增殖处理	ISIC 0164
	20	除草灭虫服务	ISIC 0161
	21	机器收割服务	CPC 8611
	22	磨粮加工服务	CPC 861
	23	水资源灌溉服务	CPC 861
	24	农作物干燥服务	ISIC 0163
	25	农作物仓储服务	CPC 861
	26	农作物实验室试验服务	CPC 861
	27	土工试验	CPC 861
	28	农业机械租赁服务	CPC 73121
	29	建立农产品批发市场的基础设施	CPC 91131
	30	从作物种植到作物成熟的其他服务(收获后为作物服务、为种子生产服务及其他服务)	CPC 861
(B)		植树造林、森林养护及其相关工作	
	1	森林植被种植	ISIC 0210
	2	柚木的生产	ISIC 0210
	3	橡胶木生产	ISIC 0220
	4	用承包制种植森林和人工林	ISIC 0240
(C)		畜牧生产,渔业产品的育种、生产及相关服务	
	1	牛类养殖、繁殖和生产	ISIC 0141
	2	马类养殖	ISIC 0142
	3	绵羊和山羊的养殖、繁殖和生产	ISIC 0144
	4	猪的养殖、繁殖和生产	ISIC 0145
	5	家禽的养殖、繁殖和生产	ISIC 0146
	6	其他动物的养殖	ISIC 0149
	7	混合养殖	ISIC 0150
	8	动物生产的配套活动	ISIC 0162

续表

序号		商业部门/行业类型	工业代码
(C)	9	珍珠的选育与生产	ISIC 0321
	10	淡水和海洋生物的养殖生产	ISIC 0321、0322
(D)		制造业(生产香烟、白酒、啤酒及其他有害身体健康的产品除外)	
	1	肉的屠宰、加工和包装(鸡、鸭、屋养禽类除外)	ISIC 1010
	2	家禽屠宰、加工、包装	ISIC 1010
	3	鱼、渔产品的生产、加工和冷冻	ISIC 1020
	4	鱼罐头的生产	ISIC 1020
	5	虾、蟹等贝类和软体动物的增值生产	ISIC 1020
	6	虾、蟹等贝类和软体动物罐头的加工	ISIC 1020
	7	海苔、苔藓等生产	ISIC 1020
	8	兽药生产	ISIC 2100
	9	蔬菜水果长期贮藏加工	ISIC 1030
	10	蔬菜水果罐头生产	ISIC 1030
	11	未明确指定的其他动植物食用油脂的生产	ISIC 1040
	12	蔬菜食用油脂的生产	ISIC 1040
	13	以椰子油、果仁和椰子生产的面包和食品	ISIC 1030、1071
	14	棕榈油的生产	ISIC 1040
	15	玉米油的生产	ISIC 1040
	16	动物食用油脂的生产	ISIC 1040
	17	未明确规定的其他蔬菜和作物的食用油和油脂的生产(可生产油脂的坚果、农作物种子生产食品和粉末、人造黄油的生产、类似混合食品的生产、用以油炸的混合脂肪的生产)	ISIC 1040
	18	鲜奶及乳制品的生产	ISIC 1050
	19	奶粉、炼乳的生产	ISIC 1050
	20	其他乳制品的生产	ISIC 1050
	21	庄稼碾磨(大米和玉米除外)	ISIC 1061
	22	碾米/玉米和米粉/玉米粉的生产	ISIC 1061

续表

序号		商业部门/行业类型	工业代码
(D)	23	烹饪	ISIC 1071
	24	糖的生产	ISIC 1072
	25	可可、巧克力和糖果的制造	ISIC 1073
	26	通心粉、饼干、干饼及面粉食品的制作	ISIC 1074
	27	熟食和菜肴的制作	ISIC 1075
	28	咖啡、茶及传统药用植物的生产	ISIC 1079
	29	调味品、酱料、烹调用的其他物件的生产(调味品、酱油和胡椒粉的生产),包括蛋黄酱、芥末、米粉的生产;芥末、米粉、醋的生产;用烟糖生产仿真蜂蜜;挤压肉、鱼、贝类、食用盐,如碘盐的生产、能源饮料的生产	ISIC 1079
	30	动物饲料生产	ISIC 1080
	31	生产薄木片(生产木质制品如有胶合板、纤维板、刨花板)	ISIC 1621
	32	建筑用成品木制品的生产	ISIC 1622
	33	木箱生产	ISIC 1623
	34	用木材生产其他物体(用软木、干草、水葫芦、香蕉树等多层材料制作产品,如捻、缠、织)	ISIC 1629
	35	用木头制作家具(包括竹子和藤条)	ISIC 3100
	36	肥皂、肥皂粉、香水和清洁材料的生产	ISIC 2023
	37	纺纱、织造、染色和定型	ISIC 131、1312、1313
	38	绳、网品种的生产	ISIC 1394
	39	服装生产	ISIC 1410
	40	女式内衣的生产	ISIC 1410
	41	多种类帽子的生产	ISIC 1410
	42	行李箱、手袋、背包等各类箱包的生产	ISIC 1512
	43	体育用品生产	ISIC 3230

续表

序号		商业部门/行业类型	工业代码
(D)	44	多种类鞋子的生产	ISIC 3290
	45	成品皮革制品的生产	ISIC 1410、1511
	46	皮革手提包生产	ISIC 1512
	47	羊毛和毛皮的加工生产	ISIC 1420
	48	多种类塑料制品的生产	ISIC 2220
	49	家用和个人使用产品的制造	ISIC 3290
	50	纸浆、纸和纸板的制造	ISIC 1701
	51	肥料氮素生产	ISIC 2012
	52	农用杀虫剂和化学制品的生产	ISIC 2021
	53	纤维(仿真纤维)的生产	ISIC 2030
	54	医药、化工产品及植物制品的生产	ISIC 2100
	55	轮胎品种的制造	ISIC 2211
	56	橡胶轮胎和胶管的生产与修订	ISIC 2211
	57	混凝土、水泥、石灰石、砖、陶瓷和石膏的生产	ISIC 2394
	58	建筑材料的制造	ISIC 2395
	59	建筑施工用塑料制品(罐、水容器、储器)	ISIC 2220
	60	钢铁生产	ISIC 2410
	61	除机械和机械设备外精炼金属的生产	ISIC 25
	62	玉器(珠宝)的制造	ISIC 3211
	63	计算机、电子及光学产品制造业	ISIC 26
	64	电动机、发电机(发电)、变压器(二极管)、配电及控制装置的制造	ISIC 271
	65	配电控制装置的研制	ISIC 2710
	66	消费电子产品制造(视频、电视设备制造、广播演播室设备制造)	ISIC 264
	67	电信设备制造(电话、传真、无线、专用交换机)	ISIC 2630
	68	电子指示器及其他部件的制造	ISIC 2610

续表

序号		商业部门/行业类型	工业代码
(D)	69	通信业务数据电缆的制造	ISIC 2630
	70	蓄电池和蓄电池的制造	ISIC 2720
	71	电线和电线设备的制造	ISIC 273
	72	铝及相关材料的制造	ISIC 2420
	73	玻璃及玻璃制品的制造	ISIC 2310
	74	玻璃纤维的制造	ISIC 2310
	75	农业机器制造	ISIC 2821
	76	不同类型的车辆制造和安装	ISIC 2910
	77	机动车与拖车的主体制造	ISIC 292、2920
	78	车辆相关固定装置和机器零件的生产	ISIC 2930
	79	摩托车(摩托车、发动机和零配件)生产	ISIC 3091
	80	机械和设备生产	ISIC 28
	81	通用机械生产	ISIC 281
	82	船舶及浮动结构体建造	ISIC 3011
	83	游乐艇和运动艇建造	ISIC 3012
	84	火车机车、车厢、铁路公路车架和车辆生产	ISIC 302
	85	飞机、航空工艺品及相关装置制造	ISIC 303
	86	机身、发动机、零部件及相关装置制造和销售	ISIC 3030
	87	石油化工产品生产	ISIC 1920
	88	化学物品生产	ISIC 20
	89	橡胶产业加工制造	ISIC 221
	90	发动机机油生产	ISIC 1920
	91	传统医药生产	ISIC 2100
	92	医疗设备和物资生产	ISIC 3250
(E)		建立工业园区(对于建立工业园区,开发商应按照地区标准,按照适当的比例建设工业园区,包括道路与休憩用地、供水区、供电区、排水区,医院或诊所、行政办公室、消防站、机械研究所、停靠区、工业有害废物处理区和子工业区等)	

续表

序号		商业部门/行业类型	工业代码
(F)		建立新城区(为建立新城区,开发商应根据城市地区的标准,按照适当的比例建设城区,包括道路与休憩用地、供水区、电力区、排水区、医院或诊所、行政办公室、消防站、学校、市场、通信区以及停靠区)	
(G)		城市发展活动	
	1	供水	ISIC 4220
	2	通过废水净化供水	CPC 941、943
	3	垃圾回收	CPC 942
	4	建造和租赁经济适用房	ISIC 4100, CPC 7211
	5	进出城市的公共交通	ISIC 492
(H)		道路、桥梁和铁路线的建设	
	1	建设公路与公路架桥	ISIC 4210
	2	建设铁路线	ISIC 4210
	3	建设跑道(包括出租车道、停机坪、交流道)	ISIC 4210
	4	升级改造桥梁和高速公路、建设隧道	ISIC 4210
(I)		海港、内河港与陆港的建设	ISIC 4290
(J)		机场的管理、运营与维护	
(K)		飞机维修服务	ISIC 3315
(L)		供应和运输服务	
	1	火车公共运输	ISIC 4911
	2	火车货物运输	ISIC 4912
	3	火车集装箱货运	ISIC 4912
	4	公路运输	ISIC 4922
	5	道路货物运输	ISIC 4923
	6	内河运输	ISIC 5021
	7	内陆水运货物服务	ISIC 5022
	8	国内航空旅客运输	ISIC 5110

续表

序号		商业部门/行业类型	工业代码
(L)	9	国际航空旅客运输	ISIC 5110
	10	仓库、筒仓、储罐的建造与租赁服务	CPC 72112
	11	冷链物流建设	CPC 83116
	12	货物包装服务	CPC 854
(M)		发电、输电与配电	ISIC 351
(N)		可再生能源生产	
	1	利用太阳能、风能、地下热能发电及其输电、配电	ISIC 3510
	2	利用太阳能、风能、地下火力发电及其输电的工程服务	CPC 83324
(O)		电信业务	
	1	光纤管道、电信和输电线路的安装,电信塔的建设	CPC 83325
	2	区域光纤管道相关业务	CPC 83325
	3	电信服务	CPC 841
(P)		教育服务	
	1	私立学校	ISIC 85
	2	开设国际课程的学校	ISIC 85
	3	职业技术学院	ISIC 8530
	4	高等教育服务	ISIC 8530
	5	体育教育服务	ISIC 8541
	6	民用航空培训	CPC 92919
	7	培训和发展卫生服务人力资源的支持	ISIC 854
(Q)		卫生服务	
	1	医院服务	ISIC 861
	2	医学实验室服务	ISIC 861
	3	传统医院服务	ISIC 8610
	4	私人诊所服务	ISIC 861

续表

序号		商业部门/行业类型	工业代码
（R）		信息技术服务	
	1	信息和技术基础设施服务	ISIC 63
	2	软件开发	ISIC 5820
（S）		酒店及旅游业	
	1	通过酒店和度假村的建设提供服务	CPC 53129
	2	为游客和观光客提供交通运输服务	CPC 6413
	3	生态旅游服务	CPC 8556
（T）		科研开发业务	
	1	农业和育种科研开发项目	ISIC 7210
	2	医学与医学教育的研究	ISIC 7210
	3	工业开发、工程学及工程技术的研究	ISIC 7210
	4	产后技术研究	ISIC 7210
	5	农业科学初步研究（为农业、技术、作物苗圃、林木种植、畜牧业、鱼类养殖的实践提供服务）	ISIC 7210
	6	传统医学与实验室服务的研究	ISIC 7210
	7	地质科学研究	ISIC 7210

附录 -6①

(A)1 区:根据缅甸投资委员会2017年第10则通知属于欠发达地区的有:

序号	省/邦	县	镇区②	
1	克钦邦	密支那县	1	其培镇
			2	说璃镇
			3	英江扬镇
			4	达奈镇
		莫因县	5	孟拱镇
		八莫县	6	瑞古镇
			7	莫茂镇
			8	曼斯镇
			9	八莫镇
		葡萄县	10	葡萄镇
			11	瑙蒙镇
			12	马千波镇
			13	孙布拉镇
			14	康兰普镇
2	克耶邦	包拉克县	1	包拉克镇
			2	帕桑镇
			3	梅塞镇

① 根据缅甸2016年10月颁布的新《投资法》,缅甸政府应将全国划分为3个不同等级的区域:1区为欠发达地区,在这些地区投资可以获得7年的免税权;2区为发展中地区,在这些地区投资最多可获得5年的免税权;3区为较发达地区,在这些地区投资最多可以获得3年免税权。依据新《投资法》的上述规定,缅甸政府对缅甸全国各省邦镇区进行了划分,将其中166个镇区划归为欠发达地区。具体划分入下:克耶、克伦、钦邦三个省被完全划归为1区;克钦邦中有14个镇区被划归为1区,其余4个镇区被划归为2区;孟邦有2个镇区被划归为1区,8个镇区被划归为2区;掸邦有42个镇区被划归为1区,其余镇区被划归为2区;实皆省34个镇区被划归为1区,其余3个镇区被划归为2区;仰光省的32个镇区和曼德勒省的14个镇区均被划归为3区,而全国政治中心内比都下辖的8个镇区则被划归为2区。资料来源:http://www.ccpit.org/Contents/Channel_4013/2017/0308/771792/content_771792.htm。

② 根据缅甸移民部门公告,外国游客进入某些地区须进行申请,参见《缅甸限制外国游客进入地区名录》,载中华人民共和国商务部网站:http://mm.mofcom.gov.cn/article/x/201712/20171202683955.shtml,最后访问日期:2020年4月30日。

续表

序号	省/邦	县	镇区	
2	克耶邦	垒固县	4	垒固镇
			5	蒂莫索镇
			6	巴罗索镇
			7	虾都镇
3	克伦邦	帕安县	1	帕安镇
			2	莱呗镇
			3	趴葡镇[①]
			4	丹东基镇
		高加力县	5	高加力镇
			6	贾因色基镇
		妙瓦底县	7	妙瓦底镇
4	钦邦	法兰县	1	法兰镇
			2	铁定镇
			3	顿尚镇
		哈卡县	4	哈卡镇
			5	潭得兰镇
		敏达县	6	敏达镇
			7	马都比镇
			8	甘贝莱镇
			9	百力瓦镇
5	实皆省	实皆县	1	敏务镇
			2	苗镇
		瑞波县	3	钦乌镇
			4	韦莱镇
			5	甘勃卢镇
			6	丹西镇

① 根据缅甸移民部门公告，该地区为外国游客禁止进入的地区，参见《缅甸限制外国游客进入地区名录》，载中华人民共和国商务部网站：http://mm.mofcom.gov.cn/article/x/201712/20171202683955.shtml，最后访问日期：2020年4月30日。

续表

序号	省/邦	县	镇区	
5	实皆省	瑞波县	7	耶乌镇
			8	均拉镇
			9	迪贝因镇
		蒙育瓦县	10	布德林镇
			11	阿亚道镇
			12	萨林基镇
			13	勃莱镇
			14	因马宾镇
			15	卡尼镇
			16	羌乌镇
		坎迪县	17	坎迪镇
			18	霍马林镇
			19	莱西镇
			20	勒黑镇
			21	楠荣镇
		杰沙县	22	杰沙镇
			23	高林镇
			24	因多镇
			25	文多镇
			26	平梨铺镇
			27	班茂镇
			28	梯斋镇
		茂叻县	29	茂叻镇
			30	庞宾镇
		格礼县	31	格礼镇
			32	敏金镇
			33	葛礼瓦镇
		达武县	34	达武镇

续表

序号	省/邦	县	镇区	
6	德林达依省	土瓦县	1	德耶羌镇
		丹老县	2	巴洛镇
			3	德林达依镇
			4	卡卯基镇
7	勃固省	勃固县(东勃固)	1	瑞琴镇
		沙耶瓦底县(西勃固)	2	蒙育镇
		东吁县(东勃固)	3	坦德宾镇
			4	皎基镇
		卑谬县(西勃固)	5	包康镇
8	马圭省	马圭县	1	稍埠镇
			2	谬迪镇
			3	纳茂镇
		敏巫县	4	西都岱耶镇
		德耶谬县	5	加马镇
			6	敏东镇
			7	新榜卫镇
		木各具县	8	棉因镇
			9	包镇
			10	瑟普镇
		甘高县	11	甘高镇
			12	提林镇
			13	索镇
9	曼德勒省	敏建县	1	敏建镇(谬达)
			2	额尊镇/那伽尊镇
10	孟邦	毛淡棉县	1	羌宋镇
			2	卡亚卡码瓦镇

续表

序号	省/邦	县	镇区	
11	若开邦	皎漂县	1	皎漂镇
			2	曼昂镇
			3	兰里镇
			4	安镇
		孟都县	5	孟都镇
		布迪当县	6	布迪当镇
		实兑县	7	实兑镇
			8	邦那均镇/庞云镇
			9	谬杭镇/马克乌镇
			10	皎道镇
			11	敏比亚镇/敏巴亚镇
			12	弥蓬镇/马耶博镇
			13	包多镇/帕克它瓦镇
			14	拉代当镇
		丹兑县	15	丹兑镇
			16	洞鸽镇
			17	古亚镇
12	掸邦	东枝县(南掸邦中心)	1	和榜镇(勃欧族自治县)
			2	昔胜镇/锡森镇(勃欧族自治县)
			3	宾达雅镇/彬德亚镇(德努族自治县)
			4	伊瓦岸镇/育岸镇(德努族自治县)
			5	阳秀镇
			6	伊瓦岸镇/彬朗镇(勃欧族自治县)
			7	贝贡镇

续表

<table>
<tr><th>序号</th><th>省/邦</th><th>县</th><th colspan="2">镇区</th></tr>
<tr><td rowspan="26">12</td><td rowspan="26">掸邦</td><td rowspan="4">莱林县</td><td>8</td><td>昆欣镇/昆信镇</td></tr>
<tr><td>9</td><td>凯耶镇/柯西镇</td></tr>
<tr><td>10</td><td>孟贡镇</td></tr>
<tr><td>11</td><td>孟休镇</td></tr>
<tr><td rowspan="5">朗科县</td><td>12</td><td>朗科镇</td></tr>
<tr><td>13</td><td>孟乃镇</td></tr>
<tr><td>14</td><td>茂梅镇</td></tr>
<tr><td>15</td><td>孟班镇</td></tr>
<tr><td>16</td><td>孟卡镇</td></tr>
<tr><td rowspan="2">景栋县（东掸邦中心）</td><td>17</td><td>孟洋镇</td></tr>
<tr><td>18</td><td>勐拉镇（掸邦东部第四特区）</td></tr>
<tr><td rowspan="3">孟萨县</td><td>19</td><td>孟萨镇</td></tr>
<tr><td>20</td><td>孟东镇</td></tr>
<tr><td>21</td><td>孟宾镇</td></tr>
<tr><td>大其力县</td><td>22</td><td>大其力镇</td></tr>
<tr><td rowspan="2">孟帕亚县/孟别县</td><td>23</td><td>孟帕亚镇</td></tr>
<tr><td>24</td><td>孟洋镇</td></tr>
<tr><td rowspan="2">腊戌县（北掸邦中心）</td><td>25</td><td>登尼镇</td></tr>
<tr><td>26</td><td>孟崖镇</td></tr>
<tr><td rowspan="2">木姐县</td><td>27</td><td>南坎镇</td></tr>
<tr><td>28</td><td>古凯镇</td></tr>
<tr><td rowspan="5">皎脉县</td><td>29</td><td>南渡镇</td></tr>
<tr><td>30</td><td>南散镇（崩龙族自治县）</td></tr>
<tr><td>31</td><td>曼栋镇（崩龙族自治县）</td></tr>
<tr><td>32</td><td>孟密镇</td></tr>
<tr><td>33</td><td>马宾镇</td></tr>
</table>

续表

<table>
<tr><th>序号</th><th>省/邦</th><th>县</th><th colspan="2">镇区</th></tr>
<tr><td rowspan="8">12</td><td rowspan="8">掸邦</td><td rowspan="2">老街县(属果敢族自治特区)</td><td>34</td><td>老街镇</td></tr>
<tr><td>35</td><td>贡江镇</td></tr>
<tr><td rowspan="3">霍班县(2011 年由腊戌、滚弄中分出,现为佤邦自治区的北部)</td><td>36</td><td>霍班镇</td></tr>
<tr><td>37</td><td>孟卯镇(现为佤邦下的孟卯县/勐冒县)</td></tr>
<tr><td>38</td><td>班弯镇</td></tr>
<tr><td rowspan="3">梅特曼县(分自霍班县,现为佤邦自治区的南部)</td><td>39</td><td>梅特曼镇</td></tr>
<tr><td>40</td><td>纳哈潘镇</td></tr>
<tr><td>41</td><td>邦康镇</td></tr>
<tr><td rowspan="10">13</td><td rowspan="10">伊洛瓦底省</td><td rowspan="3">勃生县</td><td>1</td><td>达榜镇</td></tr>
<tr><td>2</td><td>额布多镇</td></tr>
<tr><td>3</td><td>勃生镇</td></tr>
<tr><td rowspan="4">兴实达县</td><td>4</td><td>苗旺镇</td></tr>
<tr><td>5</td><td>坚景镇</td></tr>
<tr><td>6</td><td>英加务镇</td></tr>
<tr><td>7</td><td>拉姆耶札镇</td></tr>
<tr><td rowspan="2">拉布达县</td><td>8</td><td>拉布达镇</td></tr>
<tr><td>9</td><td>毛淡棉遵镇</td></tr>
<tr><td>壁磅县</td><td>10</td><td>博葛礼镇</td></tr>
</table>

附录 –7

(B)2 区:根据缅甸投资委员会 2017 年第 10 则通知属于中等发达地区的如下:

<table>
<tr><th>序号</th><th>省/邦</th><th>县</th><th colspan="2">镇区</th></tr>
<tr><td rowspan="4">1</td><td rowspan="4">克钦邦</td><td rowspan="2">密支那县</td><td>1</td><td>密支那镇</td></tr>
<tr><td>2</td><td>维茂镇/韦茂镇</td></tr>
<tr><td rowspan="2">莫宁县</td><td>3</td><td>莫宁镇</td></tr>
<tr><td>4</td><td>帕敢镇/帕坎镇</td></tr>
</table>

续表

序号	省/邦	县	镇区	
2	实皆省	实皆县	1	实皆镇
		瑞波县	2	瑞波镇
		蒙育瓦县	3	蒙育瓦镇
3	德林达依省	土瓦县	1	土瓦镇
			2	耶漂镇/耶巴育镇
			3	浪弄镇
		丹老县	4	甘茂镇/卡育苏镇
			5	丹老镇
		高当县/高东县	6	高当镇
			7	博宾镇
4	勃固省	沙耶瓦底县(西勃固)	1	沙耶瓦底
			2	敏拉镇
			3	礼勃坦镇
			4	奥波镇
			5	九彬高镇/杰沃宾克镇
			6	西贡镇/止贡镇
			7	纳德林镇
		卑谬县(西勃固)	8	卑谬镇
			9	巴当镇/帕康镇
			10	榜地镇
			11	瑞当镇
			12	德贡镇
		东吁县(东勃固)	13	东吁镇
			14	耶达谢镇
			15	奥敦镇
			16	彪关镇
		勃固县	17	皎德加镇/卡育卡特伽镇
			18	岱乌镇

续表

序号	省/邦	县	镇区	
4	勃固省	勃固县	19	良礼彬镇
			20	勃固镇
			21	格瓦镇
			22	达纳宾镇/塔拉特平镇
			23	沃镇/瓦乌镇
5	马圭省	马圭县	1	马圭镇
			2	仁安羌镇
			3	东敦枝镇
		敏巫县	4	敏巫镇
			5	崩漂镇/本标镇
			6	沙林镇/萨林镇
			7	额贝镇/雅别镇
		德耶谬县	8	德耶谬镇
			9	敏拉镇
			10	昂格兰镇
		木各具县	11	帕克库镇
			12	耶瑟久镇
6	曼德勒省	敏建县	1	敏建镇
			2	纳多基镇/那通格伊镇
			3	皎勃东镇
			4	东沙镇/唐塔镇
		密铁拉县	5	默莱镇/马哈拉镇
			6	达西镇
		皎克西县	7	皎克西镇
			8	德达乌镇/塔大乌镇
		彬乌伦县/眉谬县	9	彬乌伦镇/眉谬镇
			10	德贝金镇
			11	辛古镇/新固镇

续表

序号	省/邦	县	镇区	
6	曼德勒省	彬乌伦县/眉谬县	12	马德亚镇
			13	抹谷镇
7	孟邦	直通县	1	直通镇
			2	斋托镇/吉桃镇
			3	榜镇
			4	比林镇
		毛淡棉县	5	毛淡棉镇
			6	丹彪扎亚镇
			7	木冬镇
			8	耶镇/椰镇
8	仰光省	仰光南区县	1	皎丹区
			2	德拉区
			3	色枝干旺托区
			4	卡穆镇
			5	克耶镇/克延镇
			6	昆千贡镇
			7	栋瓜/宋割镇
			8	端迪镇
			9	科克钦镇
		仰光北区县	10	莱古/礼居区
			11	岱枝镇
			12	茂比镇
		仰光东区县	13	沙廉/锡里安镇
9	掸邦	东枝县（南掸邦中心）	1	东枝镇
			2	格劳镇
			3	良瑞镇
		莱林县	4	莱林镇
			5	莱卡镇
			6	南桑镇

续表

序号	省/邦	县	镇区	
9	掸邦	景栋县	7	景栋乡
		腊戌县	8	腊戌镇
			9	当阳镇
		滚弄县	10	滚弄镇
		木姐县	11	木姐镇
		皎梅县	12	皎梅镇
			13	昔卜镇
			14	瑙丘镇
10	伊洛瓦底省	勃生县	1	勃生镇（勃生镇下辖的瑞东扬镇、昌塔尔镇、维桑镇除外）
			2	甘基当镇
			3	耶基镇
			4	姜贡镇/阳公镇
			5	烔标镇/卡雍帕镇
		兴实达县	6	兴实达镇
			7	泽伦镇
		马乌宾县/马乌彬县	8	马乌宾镇/马乌彬镇
			9	班德瑙镇/潘特纳瓦镇
			10	央东镇/洋敦镇
			11	德努漂镇/达鲁育镇
		苗妙县/渺弥亚县	12	苗妙镇/渺弥亚镇
			13	恩梅镇
			14	瓦溪码镇
		皮亚朋县/壁磅县	15	皮亚朋镇/壁磅镇
			16	斋拉镇/亚克拉特镇
			17	迪迪叶镇/代德耶镇

续表

序号	省/邦	县	镇区	
11	内比都联邦区/奈比多	彬马那县	1	萨布提里镇
			2	德金那提里镇
			3	列威镇/莱韦镇
			4	彬马那镇
		欧塔拉县	5	欧塔拉提里镇
			6	杰雅提里镇
			7	波巴提里镇
			8	塔特康镇/达贡镇

附录－8

(C)3 区:根据缅甸投资委员会 2017 年第 10 则通知属于发达地区的如下:

序号	省/邦	县	镇区	
1	曼德勒省	曼德勒县	1	昂梅达赞区
			2	昌艾达赞区
			3	马哈昂梅区
			4	昌妙达齐区
			5	比基达贡区
			6	阿马拉普拉镇/阿摩罗补罗镇
			7	巴登枝镇/帕钦依镇
		皎克西县	8	密沙镇
			9	辛甘镇
		密铁拉县	10	密铁拉镇
			11	文敦镇
		良乌县	12	良乌镇
		央米丁县	13	央米丁镇
			14	标贝镇

续表

序号	省/邦	县	镇区	
2	仰光省	仰光东区县	1	波达通区
			2	北欧卡拉帕区
			3	班梭坦区/勃生堂镇
			4	南欧卡拉帕区
			5	顶甘钟区/丁眼遵镇
			6	仰景镇
			7	道榜镇
			8	明加拉唐尼恩镇
			9	淡汶镇
			10	达克辖区
			11	东达贡区
			12	北达贡区
			13	达贡河岸镇
			14	敏加拉洞区
			15	什韦皮塔镇
			16	莱达雅镇
			17	南达贡区
		仰光北区县	18	永盛区
			19	坦达宾区
		仰光西区县	20	莱恩区
			21	甘马育镇
			22	眉扬功镇
			23	阿弄区
			24	巴汉区
			25	达贡区
			26	凯奥克他达区
			27	基敏丹区/九文台镇

续表

序号	省/邦	县	镇区	
2	仰光省	仰光西区县	28	兰玛多区
			29	拉达区
			30	班贝坦区
			31	三桥区
			32	港口区

附录 -9

A. 免征商业税的商品一览

序号	商品名称
一	食物
1	稻谷、大米、碎米、细谷、粗谷糠、米糠、细麦、粗麦、无核玉米和其他各种玉米
2	各类豌豆、各种豆瓣、各种豌豆粉、豌豆糠、豌豆皮、花生去壳或脱壳、芝麻、芝麻花、花生生产中的各种残渣等
3	大蒜、洋葱、土豆、香料原料(叶子、水果、种子、树皮)、香料、辣椒粉、姜黄、姜黄粉、姜、成熟罗望子、各种盐类
4	各种新鲜水果、蔬菜
5	茶叶、干茶叶(用于甜茶)、各种加工和包装的干茶叶
6	鲜鱼、虾、肉、鸡蛋鸭蛋等各种禽蛋
7	豆油、芝麻油
8	糖、甘蔗、棕榈糖、固体糖蜜、牛奶、各类奶制品、炼乳、鲜奶和各种奶粉、豆奶
9	各种鱼露、各种鱼虾干、各种鱼虾、虾仁、鱼粉、各种鱼酱
二	农牧用品
10	桑叶、蚕茧
11	所有活动物、鱼类、虾、陆生动物、水生动物、两栖动物;它们的卵、幼虫和幼鱼;水生植物及其种子;嫩枝

续表

序号	商品名称
12	用于农业的化肥、杀虫剂、害虫剂、除草剂;用于牲畜的喷雾剂(蚊香、蚊虫喷雾剂和杀鼠剂除外);动物、鱼类和对虾药品、兽医预防药品(包括农业、畜牧和灌溉部批准的药物和兽医预防药物以及畜牧和兽医司推荐的药物);动物、鱼类和虾饲料的原料和成品(不包括用于宠物的动物食品)
13	油棕榈、向日葵籽、棉花籽、南瓜子、西瓜籽、腰果、槟榔、种子和小植物种苗
14	粗棉、各种棉花、小豆蔻、特纳卡(thanakha)和其他未指明的农产品,椰子油(不包括棕榈油)
15	椰壳纤维纱
16	木柴、竹子、藤条的成品和未成品、木柴替代品
三	办公教育用品
17	紫胶、各种邮票(包括税票标签)
18	国旗
19	石板、石笔、粉笔和用于制作铅笔的石墨
20	各种课本(用于基础教育、学院、大学教育);各种教育和技能型书籍、练习册、绘本、杂志、刊物和各种报纸[制作这些书籍的纸张应介于40~80克/平方米(Gsm)];各类尺子、橡皮和卷笔刀
四	卫生用品
21	药用植物或草药
22	蜂蜜和蜂蜡
23	X光片、X光板及其他X射线医疗器械和设备
24	避孕套
五	宗教和社会用品
25	各类念珠(不包括宝石制成的、宗教服饰,如僧袍)
26	消防车、救援车、灵车
六	运输业相关产品
27	能源部出售给外国使馆、联合国机构和外交人员的燃油
28	出售给出境航班使用的航空燃油
29	用于飞机或直升机的机械、设备以及材料的备件和零件

续表

序号	商品名称
七	工业产品
30	漂白物质(仅限盐酸盐)、洗衣粉及肥皂的原料、肥皂
31	黄麻和其他纤维,橡胶和黄芪胶
32	农用机械、工具和备件,四轮犁耕机,烘干作物的机器(根据“汽车法”进行登记所需的机器除外),用于制作动物饲料、鱼粉、虾粉的原料和成品(不包括宠物的饲料)用于动物和鱼虾养殖的药物、疫苗,用于高级育种的人工授授精精液和试管
33	太阳能板、太阳能充电控制器和光伏逆变器
34	主要从国外进口的用于加工成品(Conjugated Microporous Polymer,CMP)的原材料、元件和包装材料
八	国防物资
35	国防和安全机构使用的武器、车辆、机械、材料和设备、零配件;民政部门使用的各种火药、炸药及其配件(只能经陆军总司令办公室许可进口);根据国防部分配的预算支出购买的,供武装部队使用并供武装部队成员消费的货物
九	宝石及矿产品
36	金(金条、金块、金币);在政府主办的缅甸国内宝石展上出售的抛光或未抛光的玉石、红宝石、蓝宝石
37	油渣
十	一般商品
38	在特定地点以外汇出售给离境旅客的商品
39	由外交部提议,经联邦政府批准,经计划和财政部许可并下发通知,外国使馆或小型使馆及其外交官,包括两国之间的具有互惠政策的非外交官工作人员使用的物品
40	国内组织和外国组织向国家捐赠或提供资金购买的货物
41	联邦政府根据国家的需要予以豁免和批准免除税收的货物
42	根据海关规则,按临时免税或退税系统进口的货物

B. 免征商业税的服务一览

序号	服务类型
一	外交
1	由外交部提议，经联邦政府批准，经计划和财政部许可并下发通知，外国使馆或小型使馆及其外交官，包括两国之间的具有互惠政策的非外交官工作人员采购的服务
二	国防
2	国防部门防伪印刷工程中的印刷出版服务
三	宗教事务与文化
3	文化艺术服务
四	交通和通信
4	停车场租赁服务
5	货物运输服务（包括机动车辆、船只、飞机、机械的运输，但不包括管道运输）
6	搬家服务
7	道路收费服务
8	国内外航线客运服务
9	公共交通服务
10	联邦政府经营的邮政服务
五	教育和信息
11	教育服务
12	出版书籍、杂志、期刊和报纸服务
六	卫生
13	除美容整形以外的医疗服务
14	缅甸传统按摩理疗/盲人按摩理疗服务
15	畜牧与兽医服务
16	公厕收费服务
七	计划与财政
17	人寿保险服务
18	小额金融服务
19	资本市场服务
20	中央银行批准的银行和金融服务

续表

序号	服务类型
21	海关/港口清关服务
22	彩票服务
八	社会福利和救济安置
23	餐饮设备租赁服务
24	殡仪服务
25	幼教服务
九	工业和能源
26	原材料加工服务
27	农业机械化服务
28	在无法进入国家电网的地区,通过发电和输电提供小型私人供电服务
十	其他
29	国家机关缴纳许可费的服务
30	联邦政府根据国家的需要予以豁免和批准免除税收的服务
31	国内外组织向国家捐赠或提供资金而购买的服务
32	机构之间的跨机构服务,如总统办公厅、联邦政府办公室、议会办公室、人民院办公室、民族院办公室、联邦最高法院办公室、宪法法院办公室、联邦选举委员会办公室、联邦总检察长办公室、联邦审计总署和联邦公务员任免委员会办公室、联邦各部长、内比都委员会办公室、缅甸中央银行、社会保障委员会、省/邦行政管理机构办公室、各部委

附录-10

特殊货物的特定税率清单

序号	特殊货物类型	价格等级	税率
1	(a)各种香烟	最高售价为600缅元的香烟20根/包	8缅元/根
	(b)各种香烟	最高售价为601~800缅元的香烟20根/包	17缅元/根
	(c)各种香烟	最高售价为801~1000缅元的香烟20根/包	22缅元/根
	(d)各种香烟	售价1001缅元起的香烟20根/包	25缅元/根

续表

序号	特殊货物类型	价格等级	税率
2	烟草	—	60%
3	烟丝	—	60%
4	缅式雪茄(味淡)	—	0.75 缅元/件
5	缅式雪茄(味浓)	—	80%
6	烟斗丝	—	80%
7	各种咀嚼烟(放入槟榔中)	—	80%
8	(a)各种酒	最高价值为 1000 缅元/升	170 缅元/升
	(b)各种酒	价值为 1001 ~ 2000 缅元/升	424 缅元/升
	(c)各种酒	价值为 2001 ~ 3000 缅元/升	707 缅元/升
	(d)各种酒	价值为 3001 ~ 4000 缅元/升	990 缅元/升
	(e)各种酒	价值为 4001 ~ 5000 缅元/升	1273 缅元/升
	(f)各种酒	价值为 5001 ~ 6000 缅元/升	1555 缅元/升
	(g)各种酒	价值为 6001 ~ 7000 缅元/升	1838 缅元/升
	(h)各种酒	价值为 7001 ~ 8000 缅元/升	2121 缅元/升
	(i)各种酒	价值为 8001 ~ 9000 缅元/升	2404 缅元/升
	(j)各种酒	价值为 9001 ~ 10,000 缅元/升	2686 缅元/升
	(k)各种酒	价值为 10,001 ~ 11,000 缅元/升	2969 缅元/升
	(l)各种酒	价值为 11,001 ~ 12,000 缅元/升	3252 缅元/升
	(m)各种酒	价值为 12,001 ~ 13,000 缅元/升	3535 缅元/升
	(n)各种酒	价值为 13,001 ~ 14,000 缅元/升	3817 缅元/升
	(o)各种酒	价值为 14,001 ~ 15,000 缅元/升	4100 缅元/升
	(p)各种酒	价值为 15,001 缅元/升以上的	每升价值的 60%
9	各种啤酒		60%
10	(a)各种红酒	价值为 750 缅元/升	81 缅元/升
	(b)各种红酒	价值为 751 ~ 1500 缅元/升	244 缅元/升
	(c)各种红酒	价值为 1501 ~ 2250 缅元/升	406 缅元/升
	(d)各种红酒	价值为 2251 ~ 3000 缅元/升	569 缅元/升

续表

序号	特殊货物类型	价格等级	税率
10	(e)各种红酒	价值为3001～3750缅元/升	732缅元/升
	(f)各种红酒	价值为3751～4500缅元/升	894缅元/升
	(g)各种红酒	价值为4501～6000缅元/升	1138缅元/升
	(h)各种红酒	价值为6001～7500缅元/升	1463缅元/升
	(i)各种红酒	价值为7501～9000缅元/升	1788缅元/升
	(j)各种红酒	价值为9001～10,500缅元/升	2113缅元/升
	(k)各种红酒	价值为10,501～13,500缅元/升	2600缅元/升
	(l)各种红酒	价值为13,501～16,500缅元/升	3250缅元/升
	(m)各种红酒	价值为16,501缅元/升以上的	50%
11	原木及原木制品		5%
12	除双驾驶室的四门皮卡外容量为1501立方厘米至2000立方厘米的货车、轿车、厢式轿车、旅行客车及轿跑车		10%
	除双驾驶室的四门皮卡外容量为2001立方厘米至4000立方厘米的货车、轿车、厢式轿车、旅行客车及轿跑车		30%
	除双驾驶室四门皮卡外容量为超过4000立方厘米的货车、轿车、厢式轿车、旅行客车及轿跑车		50%
13	煤油、汽油、柴油和航空燃油		5%
14	天然气		8%

附录－11

缅甸2016年仲裁法

联邦议会法律　No. 5/2016

2016年1月5日

第一章

标题、适用范围和定义

1. 标题

本法可称为仲裁法。

2. 适用范围

(a)在不违反(b)款规定的情况下,在缅甸签署或在外国签署但在缅甸依法履行的仲裁协议,适用本法。

(b)仲裁地在外国,或仲裁地未指明或不确定的,适用本法第10条、第11条、第30条、第31条和第10章的规定。

(c)缅甸任何其他现行法律限制通过仲裁解决争议的,本法规定对该法不具有约束力。

3. 定义

在本法中,下列术语具有下列规定含义:

(a)"国家"指缅甸联邦共和国;

(b)"仲裁协议"指当事人之间针对合同或其他法律关系产生或者可能产生的全部或者部分争议提交仲裁的书面协议;

(c)"仲裁"指由仲裁员或仲裁庭实施的仲裁;

(d)"仲裁员"指经当事人同意指定的以仲裁方式解决争议的个人或仲裁员小组;

(e)"裁决"指仲裁庭所作决定,包括临时裁决;

(f)"仲裁庭"指独任仲裁员或仲裁员小组;

(g)"法院"指缅甸或各省邦针对仲裁争议问题享有初审管辖权的地区法院或高等法院,一如其行使的是民事案件初审管辖权;

(h)"国内仲裁"指非国际仲裁的仲裁;

(i)"国际仲裁"指:

(1)签署仲裁协议时,一方当事人的营业地和贸易活动地在国外的;

(2)仲裁协议中所述地点或根据仲裁协议进行仲裁的地点在国外,但当事人营业地在缅甸的;

(3)商业性义务的主要履行地或与争议标的有最密切联系的地点在国外,但当事人的营业地在缅甸的;或

(4)仲裁协议当事人明确约定,标的物涉及一个以上国家的。

注释:

(1)当事人有多个营业地的,以离仲裁协议签署地最近的营业地为其营业地。

(2)当事人没有营业地的,以其永久居住地为营业地。

(j)“纽约公约”指1958年6月10日纽约联合国外交会议通过的《承认及执行外国仲裁裁决公约》;

(k)“外国仲裁裁决”指根据仲裁协议在除缅甸以外的《纽约公约》成员国境内作出的裁决;

(l)“仲裁地”指由仲裁协议争议当事人或由仲裁协议争议当事人授权的人、仲裁庭、仲裁机构依法进行仲裁的地点;

(m)“当事人”指仲裁协议当事人;

(n)“遗嘱执行人”指在法律上代表死者遗产的人,包括无权遗嘱执行人,以及当事人以遗嘱执行人身份行事时,在其死亡时的遗产受托人。

第二章
目　的

4. 本法目的如下:

(a)公平有效解决国内商业争议和国际商业争议;

(b)通过仲裁解决争议,承认和执行外国裁决;

(c)鼓励通过仲裁解决争议。

第三章
一般原则

接收书面通信

5. (a)除非双方另行约定:

(1)将书面通信亲自送达收件人,或送交收件人的营业地、惯常居所或邮寄地址的,于送交之日视为送达;

(2)进行合理查询后无法获取第(1)款所述信息时,以挂号信或其他可提供送交记录的方式将书面通信送至收件人最后已知营业地、惯常居所或邮件地址的,于送交之日视为送达。

(b)本条规定不适用于法院诉讼程序中的通信。

异议和异议权的放弃

6.(a)牵涉仲裁程序或正在进行仲裁的当事人,针对下列情况提出异议时,不得无故拖延,本法或仲裁协议规定期间的,应在该期间内提出:

(1)仲裁庭不具有管辖权;

(2)仲裁过程存在程序瑕疵;

(3)未遵守仲裁协议或者本法规定;

(4)程序瑕疵对仲裁庭或仲裁造成不良影响。

(b)未就(a)款所列情况提出异议继续进行仲裁的,视为放弃异议权。

法院干预的范围

7.尽管当前有效的任何其他法律有任何其他规定,除本法另行规定,对于受本法调整的事项,法院不得干预。

协助

8.当事人或仲裁庭经当事人同意,可安排从适当机构或个人获取协助,便于实施仲裁。

第四章

仲 裁 协 议

9.(a)就仲裁协议而言,第3条(b)款所称书面协议指:

(1)经当事人签署的仲裁协议应视为书面协议;

(2)电子通信中的信息可获取用于随后阅读的,以电子通信方式发送的仲裁协议应视为书面协议。

(b)仲裁协议可采用合同仲裁条款或单独协议的形式。

交付仲裁和中止诉讼

10.(a)当事人在不迟于针对争议实质提交书面陈述时要求诉诸仲裁的,针对仲裁协议标的受理诉讼的法院,应将当事人交付仲裁,但法院认定协议无效、无法实施或无法履行的除外;

(b)尽管存在本条(a)款所述诉讼,其争点在法院未决期间,仍可开始或继续仲裁程序,并作出裁决;

(c)法院拒绝将当事人交付仲裁的,针对仲裁协议中的仲裁事项在起诉前所作任何裁决,不影响诉讼;

(d)法院将当事人提交仲裁的,应命令中止诉讼;

(e)不得针对法院根据(a)款交付仲裁的决定提起上诉;

(f)法院决定拒绝交付仲裁的,可提起上诉。

法院介入仲裁的权力

11.(a)除非当事人另行约定,当事人针对下列事项向法院提出请求的,法院有权自行酌情作出决定:

(1)取证;

(2)证据保全;

(3)针对仲裁争议财产或与争议标的相关的财产作出命令;

(4)检查、拍照取证、保全和扣押争议相关财产;

(5)对争议标的或构成部分争议标的的财产进行取样、观察或实验;

(6)允许为上述目的进入争议当事人拥有或控制的场所;

(7)出售争议标的财产;

(8)发布临时禁令或指定接管人。

(b)仲裁时,需要采取紧急临时措施的,法院可根据一方当事人申请,作出保全证据和相关财产的决定。

(c)无须采取紧急临时措施的,应一方当事人申请,法院应先向另一方当事人和仲裁庭发出通知,经仲裁庭批准或获得另一方当事人书面同意后,进行处理。

(d)当事人的获授权人或仲裁庭、仲裁机构或者其他机构无权处理或者不能有效处理时,法院才能进行处理。

(e)仲裁庭的决定与针对(a)款所列事项的决定明确相关的,法院作出的决定应全部或部分停止生效。

第五章
仲裁庭的组成

仲裁员的人数

12.(a)当事人可自行决定仲裁员的人数。1 人以上的,不得为偶数。

(b)无法针对(a)款内容作出决定的,仲裁员的人数应为 1 人。

仲裁员的委任

13.(a)除非当事人另行约定,仲裁员不限国籍。

(b)当事人可自行约定委任仲裁员的程序,但应符合本条(e)款的规定。

(c)当事人就委任程序达成一致的,按程序委任仲裁员。一方当事人无法委任仲裁员或双方当事人或2名仲裁员无法就第3名仲裁员的委任达成一致,或受委托的第三方或机构无法履行任何职能,或仲裁协议未规定委任程序的,任何一方当事人可要求首席法官或由其选择的任何人或机构采取必要措施。

(d)无法达成(b)款约定的:

(1)如果仲裁庭由3名仲裁员组成,各方应委任1名仲裁员,由委任的2名仲裁员选择第3名仲裁员,担任仲裁庭的首席仲裁员。一方当事人无法在收到另一方当事人委任要求后30日内委任仲裁员,或者2名仲裁员在委任后30日内无法就第3名仲裁员的委任达成一致的,应当事人要求,由首席法官或由首席法官选择的任何人或机构进行委任。

(2)如果仲裁庭由1名仲裁员组成,一方当事人无法在收到另一方当事人委任要求后30日内委任独任仲裁员的,应当事人要求,由首席法官或其选择的任何人或机构进行委任。

(e)首席法官或其选择的任何人或机构在委任仲裁员时,应适当考虑当事人双方约定要求仲裁员具备的资格以及仲裁员的独立性和公正性。

(f)首席法官或其选择的任何人或机构可履行本条(c)款和(d)款赋予其的适当职能。

(g)在双方当事人具有不同国籍的国际仲裁中委任独任或第3名仲裁员时,首席法官或其选择的任何人或机构可考虑委任与双方当事人国籍不同的仲裁员。

(h)对根据本条(c)款和(d)款委托给首席法官或其选择的任何人或机构处理的事项作出的决定,不得提起上诉。

注释:在本条中,首席法官,就国内仲裁而言,指具有司法管辖权的省高等法院或邦高等法院的首席法官;就国际仲裁而言,指联邦首席法官。

对仲裁员提出异议的理由

14.(a)可能被委任为仲裁员的人,应披露可能对其公正性和独立性产生合理怀疑的任何情况。

(b)仲裁员未向当事人告知(a)款所述情况的,应自被委任之日在整个仲裁期间,及时披露任何相关情况。

(c)存在下列任一情况的,可对仲裁员提出异议:

(1)存在对其公正性和独立性产生合理怀疑的情况;或

(2)仲裁员不符合当事人约定的资格。

(d)当事人仅可基于委任仲裁员后获悉的原因对其委任或参与委任的仲裁员提出异议。

异议程序

15.(a)当事人可自行约定提出异议的程序。

(b)未就(a)款内容达成一致的,意图对仲裁员提出异议的一方当事人,应在获悉仲裁庭组成后或在获悉第14条(c)款所述任何情况后,向仲裁庭发送说明异议理由的书面陈述。

(c)除非根据(b)款被提出异议的仲裁员不再担任仲裁员或另一方当事人同意该异议,仲裁庭应对异议作出决定。

(d)无法根据当事人约定的程序成功提出异议,或仲裁庭认为在符合(c)款规定的情况下没有理由根据(b)款规定的程序提出异议的,意图提出异议的当事人可自仲裁庭作出决定之日起30日内向法院申请就异议作出裁决。

(e)根据(d)款提出的申请在法院未决期间,仲裁庭应继续仲裁程序并作出裁决。

(f)根据(d)款提出申请后仲裁裁决被撤销的,法院可针对被提出异议的仲裁员是否有权获得任何费用作出裁决。

终止委任仲裁员及委任替代仲裁员

16.(a)发生下列任一情况的,应终止委任仲裁员:

(1)仲裁员在法律上或事实上无法履行其职责,或由于其他原因无法在不存在无故延迟的情况下行事;或

(2)仲裁员不再担任仲裁员,或当事人同意终止委任。

(b)针对第(a)(1)款所述事项存在争议的,除非当事人另行约定,一方当事人可向法院申请就终止仲裁员的委任作出裁决。针对终止仲裁员委任的裁决,不得提起上诉。

(c)仲裁员根据第15条(c)款和上述(a)(1)款不再担任仲裁员或另一方当事人同意终止委任仲裁员的,并非承认上述(a)(1)款或第14条(c)款所述

任何理由的有效性。

17.(a)仲裁员的委任根据第15条或第16条终止,或仲裁员因任何其他原因不再担任仲裁员,或双方当事人同意终止委任仲裁员,或在其他任何情况下终止委任仲裁员的,可根据适用于委任被替换仲裁员的规则委任替代仲裁员。

(b)仲裁员根据上述(a)款被替换的,仲裁庭可自行酌情重复先前审理,但当事人另行约定的除外。

(c)根据本条规定替换仲裁员的,替换仲裁员前作出的命令和裁决不得因重新组成仲裁庭而视为无效,但当事人另行约定的除外。

第六章
仲裁庭的管辖权

仲裁庭根据管辖权作出裁决的权限

18.(a)除非当事人另行约定,仲裁庭可根据其管辖权作出裁决,包括针对仲裁协议的存在和有效性提出的任何异议。为此目的:

(1)构成合同一部分的仲裁条款应被视为独立于合同其他条款的协议;

(2)仲裁庭裁定合同无效的,不影响合同仲裁条款的效力。

(b)认为仲裁庭不具有管辖权的抗辩应在提交答辩书之时或之前提出。一方不得因其委任或参与委任仲裁员而排除其提出抗辩。

(c)仲裁庭超出其权限的抗辩,应在仲裁程序中发生声称超出其权限的事项时立即提出。

(d)仲裁庭认为延迟提出(b)款和(c)款所述抗辩是合理的,仍可承认该抗辩。

(e)仲裁庭可将(b)款和(c)款所述抗辩作为初步问题进行裁定或作出最终裁决。仲裁庭针对其是否具有管辖权作出裁定或裁决后,对裁定或裁决不服的一方,可根据第43条(d)款(1)项、(2)项和第47条(b)款(1)项的规定,在收到裁定或裁决之日起30日内向法院提起上诉。

(f)申请在法院未决期间,仲裁庭应继续仲裁程序并作出裁决。

仲裁庭作出临时命令的权力

19.(a)除非当事人另行约定,仲裁庭有权针对下列任一事项向当事人作出决定、命令和指示:

(1)费用担保；

(2)文件开示或通过询问书询问；

(3)通过宣誓书提供证据；

(4)保全、临时保管或出售属于争议标的的任何财产；

(5)对争议标的或争议标的一部分的财产进行取样、观察或实验；

(6)为诉讼目的对证据进行保全和临时保管；

(7)为争议金额提供担保；

(8)临时禁令或其他临时措施。

(b)仲裁庭有权对当事人和证人进行监誓。

(c)仲裁庭在其认为适当时适用纠问程序。

(d)仲裁庭不得仅因请求人存在下列任一情况而根据(a)款(1)项命令请求人提供费用担保：

(1)惯常居住在缅甸联邦共和国境外的个人；

(2)根据外国法律成立的公司或团体。

(e)对于仲裁庭在仲裁过程中作出的所有裁决、命令或指示，均可根据第31条规定请求法院强制履行。

仲裁员的豁免权

20. 仲裁员对仲裁过程中尽适当注意情况下的作为或不作为不承担责任。

第七章

仲裁程序的进行

平等对待当事人

21. 当事人应获得平等对待，各方应有充分机会陈述案情。

程序规则的确定

22. (a)在不违背本法规定的前提下，当事人可自行约定仲裁庭在进行仲裁时应遵循的程序。

(b)无法就(a)款内容达成约定的，仲裁庭可根据本法规定采用其认为适当的方式进行仲裁。

(c)根据(b)款进行仲裁程序的，赋予仲裁庭的权力包括认定证据的可采性、相关性和证明力。

仲裁地点

23.(a)当事人可自行约定仲裁地点。

(b)无法就(a)款内容达成约定的,由仲裁庭根据案情确定仲裁地点,包括考虑对当事人的便利程度。

(c)尽管有(a)款和(b)款的规定,除非当事人另行协议,仲裁庭可在其认为适当的任何地点进行仲裁员商议、听取证人、专家或当事人的意见,或查验物品、其他财产或文件。

仲裁程序的启动

24.除非当事人另行约定,针对特定争议的仲裁程序自被申请人收到将争议提交仲裁的请求当日启动。

语言

25.(a)当事人可自行约定仲裁程序使用的一种或多种语言。

(b)无法就(a)款内容达成约定的,由仲裁庭确定仲裁程序使用的一种或多种语言。

(c)除非(a)款或(b)款另行约定,上述约定或确定适用于当事人的任何书面陈述以及仲裁庭的任何听证及裁决、决定或其他通信。

(d)仲裁庭可命令书面证据随附当事人约定或仲裁庭确定的语言翻译文本。

主张陈述书和答辩陈述书

26.(a)当事人可就主张陈述书和答辩陈述书中的详情进行约定。无法达成约定的,申请人应说明支持其主张的事实、争点和寻求的救济或补救,被申请人应就相关详情陈述其答辩,并在当事人约定或仲裁庭确定的期间内向仲裁庭提出申请。

(b)当事人可在提交陈述书时提交其认为相关的所有文件和其他证据,或随附一份其将提交的文件列表。

(c)除非当事人另行约定,任何一方当事人均可在仲裁过程中变更或补充其主张或答辩,但仲裁庭在考虑相关延迟后认为不适当的除外。

听证和书面程序

27.(a)除非当事人另行约定,仲裁庭应决定是否为证据呈送或口头辩论举行口头听证,或是否基于文件和其他材料进行程序。除非当事人约定无须举行听证,仲裁庭可根据当事人要求,在适当程序阶段举行听证。

(b)仲裁庭举行听证或召开会议以查验物品、其他财产或文件的,应提前充分通知当事人。

(c)一方当事人向仲裁庭提供的所有陈述、文件或其他信息,应发送对方当事人。仲裁庭作出裁决所依据的专家报告或证据性文件,亦应发送当事人。

当事人不履行义务

28. 除非当事人另行约定,在未提供充分理由的情况下:

(a)申请人未根据第 26 条(a)款规定发送其主张陈述书的,仲裁庭应终止程序。

(b)被申请人未根据第 26 条(a)款发送其答辩陈述书的,仲裁庭应继续进行程序;但是,该行为本身不应被视为承认申请人的主张。

(c)任何一方当事人未出席听证或出示书面证据,仲裁庭可继续进行程序,并根据现有证据作出裁决。

仲裁庭委任的专家

29. (a)除非当事人另行约定,仲裁庭可:

(1)委任一名或多名专家针对由仲裁庭认定的特定争点向其报告;

(2)要求一方当事人向专家提供任何相关信息,或出示任何相关文件、物品或其他财产或提供访问权限,供其查验。

(b)如果一方当事人提出请求或仲裁庭认为有必要,专家应在提交书面或口头报告后参加听证。由此,当事人应有机会向专家提出问题并就争点出示证据。

法庭协助取证

30. (a)仲裁庭或经仲裁庭批准的一方当事人可申请法院协助取证。

(b)申请应说明下列详情:

(1)当事人和仲裁员的姓名和地址;

(2)主张的一般性质和寻求的救济;

(3)作为证人或专家证人参加听证的人员姓名和地址以及证言内容陈述;

(4)要提交的文件或要出示文件或要检查财产的说明。

(c)法院可在其职权范围内根据其取证规则,同意直接向仲裁庭提供证据的请求。

(d)法院在根据(c)款作出命令时,可向证人签发与诉讼中的相同的法律程序文件。

法院强制履行仲裁庭的临时命令

31.(a)无论与仲裁相关的临时命令是在国内还是外国作出,法院可强制履行仲裁庭作出的临时命令,一如其自身命令和决定。

(b)就在外国进行的仲裁而言,申请人提交临时命令要求强制履行的,如果无法提供有力证据证明其与国内作出的命令类型相同,法院不得批准强制履行。

(c)根据(a)款批准的,法院应强制履行该命令。

(d)法院根据(a)款决定批准或拒绝的,不得提出上诉。

注释:本条所指临时命令包括仲裁庭的决定、命令和指示。

第八章
仲裁裁决的作出和仲裁程序的终止

适用于争议实质的规则

32.(a)仲裁地在缅甸联邦共和国的:

(1)就国内仲裁而言,仲裁庭应根据缅甸联邦共和国现行实体法对应通过仲裁解决的争议进行裁决。

(2)就国际商事仲裁而言:

(aa)仲裁庭应根据当事人选择的法律规则解决争议;

(bb)指定特定国家的法律或法律制度应被解释为直接援引该国的实体法,而非其冲突法规则,但当事人另行约定的除外;

(cc)当事人未按(aa)项规定进行选择的,仲裁庭应适用其认为应适用的法律规则。

(b)当事人明确授权的,仲裁庭应依据公正、公平和良知解决争议。

(c)仲裁庭应始终根据合同条款作出裁决,并应考虑交易适用的贸易惯例。

仲裁员小组的决策

33.(a)在多名仲裁员参与的仲裁程序中,仲裁庭的任何决定应通过多数决作出,但当事人另行约定的除外。

(b)尽管有(a)款规定,如果得到当事人或仲裁庭所有成员授权,程序问题可由首席仲裁员决定。

和解

34.(a)当事人在仲裁过程中对争议进行和解的,仲裁庭应终止程序;在经当事人请求且仲裁庭不反对的情况下,以仲裁裁决的形式记录达成一致的和解条款。

(b)应根据第35条按照达成一致的和解条款作出裁决,并应说明其为仲裁裁决。

(c)按照达成一致的和解条款作出的裁决应与就案件实质依据作出的裁决具有相同的地位和效力。

裁决形式和内容

35.(a)裁决应书面作出,并经仲裁员签署。

(b)就(a)款而言,在有多名仲裁员参与的仲裁程序中,仲裁庭多数仲裁员签署即可,但应说明其他仲裁员未签署的原因。

(c)除非当事人同意无须说明理由,或除非裁决是按照达成一致的条款作出的,裁决应说明其依据的理由。

(d)裁决应注明日期和根据第23条确定的仲裁地。该仲裁地应被视为作出裁决的地点。

(e)作出裁决后,应向各方当事方提供签署文本。

(f)除非当事人另行约定:

(1)仲裁费用由仲裁庭确定;

(2)仲裁庭应具体说明有权获得费用的当事人,应支付费用的当事人,费用金额、确定方式以及支付方式。

注释:就(f)款(1)项而言,"费用"指与下列项目相关的合理费用。

(1)仲裁员和证人的费用和支出;

(2)律师费用和支出;

(3)仲裁监督机构的管理费;和

(4)针对仲裁程序和仲裁裁决而产生的任何其他费用。

终止程序

36.(a)仲裁程序应在作出最后裁决或仲裁庭根据本条(b)款作出命令时终止。

(b)发生下列任一情况的,仲裁庭应作出终止仲裁程序的命令:

(1)申请人撤回其主张,但被申请人反对且仲裁庭认为被申请人在最终解决争议方面存在合法利益的除外;

(2)当事人约定终止仲裁程序;

(3)仲裁庭认定,因任何其他原因,没有必要或不可能继续进行程序。

(c)除第37条规定外,对仲裁庭的委任于根据第34条(a)款和本条终止仲裁程序时终止。

裁决的更正和解释;补充裁决

37.(a)除非当事人另行约定期间,自裁决之日起30日内,一方当事人在告知另一方当事人的情况下,可要求仲裁庭更正裁决中的任何计算错误、文书或印刷错误或任何类似性质的错误。

(b)仲裁庭在考虑根据(a)款提出的要求后,或依职权,可更正(a)款提及的任何类型错误,并将更正文本送交当事人。

(c)如果当事人同意,一方当事人在告知另一方当事人的情况下,可要求仲裁庭对裁决中的特定要点或部分作出解释。

(d)仲裁庭认为根据(c)款提出的请求是合理的,应在收到请求后30日内作出解释,该解释构成裁决的一部分。

(e)除非当事人另行约定,一方当事人在告知另一方当事人的情况下,可在收到裁决书后30日内要求仲裁庭就仲裁程序中提出但在裁决中遗漏的主张作出补充裁决。

(f)仲裁庭认为根据(e)款提出的请求是合理的,应在收到请求后60日内作出补充裁决。

(g)如有必要,仲裁庭可延长根据(b)款、(d)款或(e)款作出更正、解释或补充裁决的时限。

(h)第33条规定适用于裁决的更正或解释或补充裁决。

仲裁裁决的效力

38.除当事人另行约定,仲裁庭根据仲裁协议作出的裁决为终局裁决,对当事人和根据仲裁协议提出主张的人均具有约束力。

第九章
法院针对国内仲裁裁决的权力

对初步法律争点的认定

39.(a)除非当事人另行约定,法院可根据仲裁程序中已向其他当事人发出通知的一方当事人申请,认定在仲裁过程中产生的法院认为实质上影响一方或多方当事人利益的法律争点。

(b)除非经所有当事人同意,或经仲裁庭允许且法院认为对于争点的认定可能产生更多费用,或申请会造成案件延迟,法院不得受理并考虑根据本条提出的申请。

(c)根据(a)款提出的申请应确定待认定的法律争点,并且,除非经所有当事人同意,应说明其应由法院裁决的理由。

(d)除非当事人另行约定,在根据本条向法院提出申请未决期间,仲裁庭可继续仲裁程序并作出裁决。

国内仲裁的强制履行

40.(a)国内仲裁裁决应根据《民事程序法典》强制履行,如其为法院判决。

(b)被申请人申请强制履行仲裁裁决的,如其能够证明仲裁庭无权作出仲裁裁决,法院不得强制履行仲裁裁决。

(c)本条适用于任何国内仲裁裁决的强制履行。

撤销国内仲裁裁决的情形

41.(a)一方当事人申请撤销裁决的,仅在下列情况下,法院方可撤销国内仲裁裁决:

(1)仲裁协议的一方当事人无行为能力;

(2)仲裁协议根据当事人约定的法律无效,当事人未达成约定的,根据缅甸联邦共和国法律无效;

(3)提出申请的一方当事人针对仲裁员的委任或仲裁程序未获得适当通知,或无法陈述案情;

(4)裁决涉及的争议在仲裁中不予考虑或不属于诉诸仲裁的条款,或含有超出仲裁范围事项的决定;

附文:针对诉诸仲裁的事项作出的决定可与未诉诸仲裁的事项相区分的,

仅可撤销仲裁裁决中针对未诉诸仲裁的事项作出的决定。

(5)仲裁庭的组成或仲裁程序不符合当事人的约定或本法规定;

附文:上述约定不得与本法中当事人无法排除的规定相冲突。

(6)争议事项根据现行法律无法通过仲裁解决;或

(7)仲裁裁决与缅甸联邦共和国的国家利益(公共政策)相冲突。

(b)提出撤销申请的一方当事人在收到裁决之日起3个月后,或者根据第37条提出请求的,自仲裁庭处理该请求之日起3个月后,不得提出撤销申请。

(c)当事人要求法院根据(a)款撤销裁决的,如果认为适当并经当事人请求,法院可延迟撤销程序,延迟期间由法院确定,以便给予仲裁庭机会恢复仲裁程序或采取仲裁庭认为可以消除撤销理由的其他行为。

针对国内仲裁的上诉

42. (a)争议一方当事人在告知其他当事人和仲裁庭的情况下,可就仲裁裁决产生的法律争点向法院提出上诉。

(b)根据(a)款,当事人对仲裁庭的裁决享有上诉权,但当事人之间书面约定不得上诉的,根据本条不享有上诉权。

(c)当事人之间书面约定仲裁裁决无须说明理由的,根据本条不得基于此提出上诉。

(d)根据本条提出上诉的,应凭借与第44款相关的事实。

(e)根据本条提出上诉时,应确定需认定的法律争点并说明主张应准予上诉的理由。

(f)对于法院接受或拒绝根据本条提出的上诉权,不得再次上诉。

43. (a)法院信纳下列事实的,应接受上诉:

(1)仲裁庭对争点的裁决实质性影响一方或双方当事人的权利;

(2)仲裁庭对争点的裁决明显错误。

(b)根据本条提出上诉的,法院可通过下列任何一项命令:

(1)确认裁决;

(2)变更裁决;

(3)将裁决发还仲裁庭审查并重新审议全部或部分裁决;或

(4)撤销全部或部分仲裁裁决。

(c)可针对下列法院命令向有管辖权的法院提出上诉:

(1)拒绝根据第10条(f)款提交仲裁的命令;

(2)同意或拒绝根据第11条实施临时措施的命令;

(3)根据第(39)条(a)款通过法律争点的法院命令;或

(4)根据第41条撤销或拒绝撤销国内仲裁裁决的命令。

(d)可针对下列仲裁裁决向有管辖权的法院提出上诉:

(1)根据第18条(b)款和(c)款接受申请的命令;

(2)仲裁庭根据第18条(e)款作出是否具有管辖权的命令;

(3)同意或拒绝根据第19条实施临时措施的命令。

(e)根据本条提出上诉并通过命令后,不得再次提出上诉。

上诉法院命令对国内仲裁的效力

44.上诉法院根据第43条(b)款通过与裁决有关的命令时:

(a)决定变更裁决的,变更决定应作为裁决的一部分;

(b)法院命令将全部或部分仲裁发还仲裁庭复议和修正的,仲裁庭应进行修正并作出决定;

(c)可建议仲裁庭审查和作出决定的必要时间。

第十章

承认和执行外国仲裁裁决

承认或执行外国仲裁裁决的申请内容

45.(a)申请执行外国裁决的一方当事人应在申请时向法庭出示:

(1)原裁决或其复印件,以裁决作出国法律要求的方式进行正式认证;

(2)仲裁协议原件或核证文本;和

(3)证明裁决是外国裁决的必要证据。

(b)根据(a)款要求提交的裁决或仲裁协议以外文作出的,要求执行裁决的一方应出具英文翻译文本,经当事人所属国大使或领事核证其正确性,或根据缅甸联邦共和国现行法律以其他充分方式核证其正确性。

承认和执行外国仲裁裁决

46.(a)除根据(b)款和(c)款对撤销裁决的申请予以拒绝外,裁决应根据《民事程序法典》予以执行,如其为法院判决。

(b)外国仲裁裁决相对人向法院提交下列证据的,法院可拒绝承认外国仲裁裁决：

(1)仲裁协议当事人无行为能力；

(2)根据当事人约定的管辖法律，当事人未约定管辖法律的，根据仲裁所在国法律，该协议无效；

(3)裁决相对人未获适当告知仲裁员的委任或仲裁程序，或无法陈述其案情；

(4)裁决涉及的争议在仲裁中不予考虑或不属于诉诸仲裁的条款，或含有超出仲裁范围事项的决定；

(5)仲裁庭的组成或仲裁程序不符合当事人的约定，当事人没有约定的，不符合仲裁所在国法律；或

(6)裁决尚未对当事人具有约束力，或已被仲裁所在国主管机关或根据仲裁国法律予以撤销或中止。

(c)法院认定存在下列任一情况的，可拒绝执行外国仲裁裁决：

(1)根据缅甸联邦共和国的法律，不能通过仲裁解决争议事项；或

(2)执行裁决将违反缅甸联邦共和国的国家利益(公共政策)。

(d)已向本条(b)(6)款所述主管当局申请撤销或中止裁决的，如果法院认为合理，可延期决定执行裁决，亦可根据要求执行裁决的一方当事人申请命令另一方当事人提供适当担保。

上诉

47. 任何争议当事人：

(a)可就管辖法院作出的下列命令提出上诉：

(1)根据第10条批准同意或拒绝采取任何措施的命令；

(2)根据第11条作出的任何命令；

(3)根据第46条(b)款和(c)款撤销或拒绝撤销裁决的命令。

(b)可就仲裁庭作出的下列命令向管辖法院提出上诉：

(1)根据第18条(e)款确定仲裁庭是否具有管辖权的命令；

(2)根据第19条同意或拒绝作出临时命令的命令。

48. 本章任何规定均不得损害任何人在缅甸联邦共和国执行外国仲裁裁决本应享有的权利，或针对本法的制定利用该裁决时本应享有的权利。

不适用于《仲裁(议定书和公约)法》

49. 根据本章对外国仲裁裁决的执行不适用于根据1937年《仲裁(议定书和公约)法》对外国仲裁裁决的执行。

第十一章
其他规定

50. (a)为了执行《纽约公约》缔约国作出的裁决,联邦首席大法官可经公告委任任何来自联邦最高法院办公室或任何组织的负责人对仲裁协议文本或仲裁裁决予以证明或确定。

(b)根据(a)款委任的人应:

(1)遵守联邦首席大法官确定的规则;且

(2)未经当事人书面同意,不得直接或间接向他人披露仲裁裁决或仲裁协议中的任何事实,包括当事人的个人信息。

51. 仲裁裁决指示支付的款项,除非裁决另行指示,自裁决之日起,按法令中针对款项支付所适用的利率支付利息。

52. (a)视情况而定,仲裁庭可确定保证金或补充保证金的金额,作为第35条(f)款所述费用的预付款,该费用是仲裁庭针对向其提出的请求预计将产生的费用。除该主张外,向仲裁庭提出反请求的,还可就请求和反请求分别确定保证金的金额。

(b)(a)款所述的保证金应由各方等额支付。一方未支付其保证金份额的,另一方可支付该份额。另一方针对请求或反请求同样不支付上述份额的,仲裁庭可视情况中止或终止针对该请求或反请求的仲裁程序。

(c)仲裁程序终止后,仲裁庭应视情况而定,向各方核算收到的保证金,并将未用余额退还给各方。

53. (a)仲裁庭对任何未付费用的仲裁享有仲裁留置权。

(b)仲裁庭因任何一方当事人拒绝支付仲裁庭的费用而拒绝作出裁决的,经另一方当事人申请,法院可以根据需要调查并命令责任方向仲裁庭支付费用,且法院可责令仲裁庭作出相应裁决。

(c)任何一方当事人均可根据(b)款提出申请,但其与仲裁庭应经书面协议确定要求支付的金额。

(d)针对上述费用出现任何问题且仲裁裁决没有明确规定的,法院可就仲裁费用作出其认为适当的命令。

54.(a)仲裁协议不会因任何一方当事人死亡而解除,无论针对死亡当事人抑或其他当事人,但在该情况下,仲裁协议应由死者的法定代表人执行或对其具有约束力。

(b)仲裁员的权力不得因委任其的任何一方当事人死亡而予以撤销。

55.尽管本法或现行任何其他法律中有任何其他规定,就仲裁协议而言,根据本法向法院提出任何申请的,只有该法院对仲裁程序具有管辖权,且产生于该协议和仲裁程序的所有后续申请均应在该法院提出,不得在任何其他法院提出。

56.《诉讼时效法》中对《仲裁法》(1944 年)中相关规定的提述,应视为对本法的提述。

57.联邦最高法院可根据本法颁布必要的规则、条例、细则、通知、命令、指示、程序和说明。

58.(a)除当事人在仲裁协议或者其他文件中另行约定外,本法规定不适用于本法生效前根据仲裁协议启动的仲裁。

(b)在符合(a)款规定的情况下,仲裁在本法生效前启动的,未决仲裁程序应按照仲裁协议当事人选择的法律进行。

59.1944 年《仲裁法》于本法生效之日废止。

本人特此根据《缅甸联邦共和国宪法》签署。

总统登盛

缅甸联邦共和国

附录 -12

缅甸联邦共和国

总统办公室

通知:2018/2

项目银行通知

2018 年 11 月 30 日

(A)目　录

缅甸联邦共和国

总统办公室通知

2018/2

8th Waning of Tazaungmone 1380 ME

2018年11月30日

项目银行通知

此通知涵盖政府实施机构计划通过多种融资机制[如政府预算或发展援助或公私伙伴关系]或项目银行中任何其他机制以透明方式实施《缅甸可持续发展计划》中规定的战略和行动计划，以及在项目银行的项目开发和实施中采取的具体程序。

第一章　定　义

(a)"商业论证"是指对项目的评估，以根据其经济和财务内部收益率，要解决的社会和环境问题以及该项目的估计成本和收入来确定可行性。

(b)"公司化"是指将政府业务与政府或部门分开，并根据《缅甸公司法》或《特别公司法》成立为国有经济企业(State Economy Enterprise，SEE)。

(c)“发展援助”是指政府和国际机构为支持缅甸的经济、环境、社会和政治发展而提供的财政和技术援助,主要侧重于减轻贫困和长期可持续发展。

(d)“股份制”是指在政府同意下将国有经济企业的所有权部分或全部转让给私人实体的过程。

(e)“政府”是指缅甸联邦共和国政府和省邦或地区政府。

(f)“绿地”是指在没有现存设施以及没有先前项目限制的结构或区域的投资。

(g)“政府实施机构”(Implementing Government Agency,IGA)是指计划开发和实施项目的联邦政府、省邦或地区政府的任何政府机构或部门。

(h)“计划与财政部”(Ministry of Planning and Finance,MoPF)是指缅甸计划与财政部。

(i)《缅甸可持续发展计划》(Myanmar Sustainable Development Plan,MSDP)是指政府的国家发展计划。

(j)“国家经济协调委员会”(National Economy Coordination Committee,NECC)指根据总统办公室第31/2016号通知建立的机构。

(k)“预可行性研究”是指对一个项目可行性的一系列选择的综合研究,包括对项目的技术、财务、法律、环境和社会可行性的评估。

(l)“项目”是指一项明确定义的计划,该计划以实施《缅甸可持续发展计划》为主要目标,且项目的总价值超过20亿缅元。

(m)“项目银行”是指一个交互式的、基于网络的、可公开访问的数据库或项目信息银行,其中,包括政府实施机构计划开发以实施《缅甸可持续发展计划》及其战略行动计划的项目。

(n)“公私合营”是指基于政府实施机构与私人方之间的合同协议的投资机制,用于提供公共资产或基础设施或服务,包括但不限于融资、设计、实施、管理和/或运营传统上由公共部门提供的基础设施和服务,以减少政府的资本和运营支出,同时,提高资产和服务的质量。PPP的类型包括但不限于以下类型。

(1)“可用性付费”是指针对PPP项目类型向私营部门的付款机制,公共部门在预先确定的最大期限内向私营伙伴付款,以设计、建造、融资、运营和/或管理项目设施;私营部门的服务范围将不包括客户/用户数量和需求风险、费用收取;私人伙伴获得资本和运营成本的补偿;在每个期间对私人合作伙伴的设施和服务的可用性以及性能进行评估；为加强效用，每个期间的付款根据反映出来的不符合服务标准程度和分数进行调整。

（2）“建造—拥有—经营”（Build-Own-Operate，BOO）是指建造，运营和维护设施的建造—拥有—经营合同；在设施完成后，投资者应拥有并有权永久经营该融资设施，除非双方同意政府决定在指定时间段结束时购买资产。

（3）“建造—经营—转让”（Build-Operate-Transfer，BOT）是指建造设施的建造—经营—转让合同；建成的设施完工后，投资者应有权对该设施进行固定期限的商业运营；期限届满时，投资者应将设施移交给政府。

（4）“建造—转让—租赁”（Build-Transfer-Lease，BTL）是指建造设施，在建造设施后以及私人投资者行使其经营设施的权利后将所有权转让给政府的建造—转让—租赁合同。在私人投资者在指定的期限内行使其运营设施的权利后，将设施租赁给政府实施机构，政府实施机构在 BTL 合同中指定的期限内向投资人支付租赁费用。

（5）“建造—转让—经营”（Build-Transfer-Operate，BTO）是指建造设施的建造—转让—经营合同；建造的设施完工后，投资者应将该设施移交给政府实施机构，并有权对该设施进行固定期限的商业运营。

（6）“运营与管理”（Operations and Maintenance，O&M）是指一项运营—管理合同，用于在一定期限内对设施的一部分或整个设施进行商业运营，而私营部门运营商则不承担任何投资责任。

（7）“其他形式的 PPP”是指除上述形式以外的 PPP 形式，还可以包括但不限于设计—建造—运营和设计—建造—财务—经营—转让合同。

（o）“公私伙伴关系中心”（PPP 中心）是指在 MoPF 内组建的专门机构。

（p）“PPP 单位”是指在 IGA 中组成的专门单位。

（q）“筛选工具”是指由 MoPF 开发和维护的工具，用于确定项目是否满足纳入项目银行的要求。

（r）“政府发起项目的提案”是指在政府实施机构的权限下，通过竞争性招标程序从私营方收到的针对 PPP 项目的提案。

（s）“国有经济企业”（SEE）是指根据《国有经济企业法》设立的任何实体。

（t）“战略行动计划”是指支持执行《缅甸战略发展计划》所载战略、目标和支柱的行动计划。

(u)“瑞士挑战”是指旨在鼓励私营部门主动参与PPP项目的公共采购流程。根据瑞士挑战的招标程序,如果相关的政府机构希望实施社会资本发起的PPP项目,则该机构必须发布招标书并邀请第三方进行投标。

(v)“社会资本发起的PPP项目的提案”是指由私人提出的承担PPP项目的提议,而不是应有关政府机构的请求而提出的提案。

(w)“发展援助协调单位”是指根据内阁第66/2016号通知设立的机构。

第二章 目 标

发出此通知的目的如下:

• 确保政府的项目开发和实施计划是可预测的和透明的,并尽可能有效地实施以实现国家发展目标;

• 确保政府机构之间为项目的开发和管理的协调和便利;

• 积极吸引适当的私营合作伙伴参与PPP和股份制,以有效地增加政府资源以实现国家发展目标;和

• 确保通过竞争性招标或“瑞士挑战”招标程序在实施PPP项目中鼓励竞争和效率。

第三章 项目银行发展

1. 计划与财政部将建立项目银行,其中,应包括政府实施机构提交的项目。

2. 项目银行的目的是加强项目开发,使政府能够有效地执行《缅甸可持续发展计划》,包括:

a. 通过以可预测和透明的方式发布政府计划以实现国家发展目标所需的优先项目;和

b. 通过制定程序以确保项目在计划与财政部和政府实施机构之间得到很好的协调和促进。

3. 计划与财政部对项目银行的责任应包括但不限于:

a. 建立项目银行;

b. 确定要纳入项目银行的项目;

c. 通过交互式的、基于网络的、可公开访问的数据库,使项目银行可访问;

d. 每季度更新项目银行;和

e. 确保所有利益相关者在适用和遵守本通知方面保持一致，并就此方面不时向国家经济协调委员会进行汇报。

4. 项目银行应包括政府实施机构计划开发以实施相关战略行动计划的下列类型的项目：

a. 政府预算下的；

b. 发展援助下的；

c. 通过 PPP 机制与私营部门合作，包括社会资本发起的 PPP 项目的提案；以及

d. 通过股份制、PPP 机制计划将国有经济企业部分或全部转移给私营部门；

e. 通过上述方式的混合机制。

5. 寻求将项目纳入项目银行的政府实施机构应向计划与财政部提交包含以下信息的备忘录，或以计划与财政部编写的模板提交：

a. 项目名称；

b. 该项目的必要性或战略上的价值；

c. 与具体战略行动计划的联系；

d. 项目实施的目标、规模、位置、土地和其他资源；

e. 项目合同的预期类型；

f. 拟议的项目资金来源，以及根据拟议的融资计划实施项目的利弊的评估；

g. 拟提供的项目设施、产品或服务的技术要求、标准、质量的摘要；

h. 估计实施该项目所需的总投资资本和政府的投资资本；

i. 预计的项目实施时间表和条件，包括拟定可行性研究报告的时间表，投资者的选择，项目设施的建设工期、完工和开发，建设条件，以及项目的组织管理、商业运作或服务提供的计划；

j. 土地清理、安置和补偿计划；

k. 项目风险和其他风险分担分析和缓解战略或策略；

l. 对项目的社会经济效益进行初步估算，包括潜在的社会和环境影响；

m. 管理以及组织和技术可持续性的要求；和

n. 计划实施该项目的政府实施机构的联系地址。

6. 计划与财政部应开发和维护筛选工具，以确定项目是否满足纳入项目银行的要求标准以及最合适和可行的项目融资来源。计划与财政部将协调和监控政府实施机构对这些工具的使用。计划与财政部可能会酌情要求提供第5条中规定的信息以外的信息。

7. 对于项目银行中包含的项目，政府实施机构应向计划与财政部提供季度更新，该更新应包括但不限于对第5条所述条目的任何更改。基于这些更新，计划与财政部将在每季度更新项目银行。

8. 计划与财政部应通过各种方式公布项目银行中包含的项目，这些方式包括但不限于交互式，基于网络的可公开访问的数据库。

9. 根据第8条发布的项目详细信息可以包含以下内容：

a. 项目名称；

b. 该项目的必要性或战略上的价值；

c. 与具体战略行动计划的联系；

d. 项目实施的目标、规模、位置、土地和其他资源；

e. 项目所提供的设施，产品或服务的概述；

f. 估计实施该项目所需的总投资资本和政府的投资资本；

g. 预期的项目实施时间表和条件，包括制作可行性研究、报告、投资者选择的时间表，项目设施的建设、完工和开发期限；

h. 项目实施时间表的更新；和

i. 计划开发该项目的政府实施机构的联系地址。

第四章　建立PPP中心和PPP单位以及开展PPP项目的标准和流程

10. 建立PPP中心的目的是增强政府实施机构的能力，以有效地识别、开发、采购、实施、监督和审计PPP。

11. PPP中心应建立在计划与财政部内，并负责从提交给项目银行的项目中识别能够推行的PPP项目。其他责任应包括但不限于：

a. 促进确定和发展PPP项目；

b. 管理项目银行与PPP项目有关的事项；

c. 制定用于PPP项目的识别、准备、招标和管理的要求、指南、模板和程序；

d. 监测和报告PPP项目的执行情况；和

e. 调查并建议 PPP 政策改革。

12. PPP 中心可以自己或通过交易顾问就以下方面向政府实施机构提供建议和支持：

a. 提供 PPP 能力建设支持；

b. 初步战略评估；

c. 预可行性研究；

d. 商业论证的开发，成本效益分析和成本效益分析；

e. 采购流程；

f. 社会资本发起的 PPP 项目的提案的评估；

g. 风险分配矩阵；

h. 就 PPP 的类型和结构以及主要条款的合同模式提供建议；

i. 财务比率和出资；和

j. 协调和促进必要的许可。

13. 政府实施机构可以在其机构内建立专门的 PPP 单位，该部门应负责促进 PPP 交易。

14. 政府实施机构在 PPP 中心的建议和支持下，应负责：

a. PPP 项目的准备；

b. PPP 和瑞士挑战项目的招标管理，包括选择中标人；

c. 准备并签署 PPP 合同；和

d. 与机构内相关部门管理 PPP 合同。

15. 当提议能够由 PPP 交付的项目以纳入项目银行时，政府实施机构应对该项目进行预可行性研究，以证明拟议的 PPP 项目是否符合 PPP 中心制定的适用要求和指南。政府实施机构可能要求与 PPP 中心联合进行或由 PPP 中心单独进行预可行性研究。在涉及社会资本发起的 PPP 项目提案的情况下，预可行性研究应由提出该项目的私人方进行。

16. PPP 中心应与计划与财政部的财政司和预算司合作，制定具体标准，为每个 PPP 项目提供适当类型的政府支持。适当的政府支持类型应包括但不限于政府担保或可行性缺口补助。

17. 如果所提交的项目能够通过 PPP 实施，则政府实施机构应要求在 PPP 中心的支持下准备商业论证，以证明拟议项目是否符合 PPP 项目的要求以及确定项目规模和特点。

18. 政府实施机构在PPP中心应要求提供支持的情况下，准备招标文件、提出投标要求、制定投标人选择标准，并通过竞争性投标程序或瑞士挑战程序选择中标人。

19. 政府实施机构可以雇用适当的国内或国际交易顾问或与之合作，以进行竞争性招标和瑞士挑战程序。PPP中心将就聘请国际交易顾问方面向政府实施机构提供建议和支持。

20. 政府实施机构应给所有投标人足够的时间，以检查所有相关的项目文档，并对项目进行尽职调查，根据提案要求准备提案。

21. 价值超过1亿美元的PPP项目必须获得联邦内阁的批准。

22. 政府实施机构在PPP中心应要求提供支持的情况下，应准备并与中标者签署PPP合同。

第五章　社会资本发起的PPP项目

23. 如果私人方通过社会资本发起的PPP项目提案向相关政府机构提交的项目规模超过20亿缅元，则相关政府机构应寻求PPP中心的意见，是否将其纳入项目银行。

24. 如果提交给相关政府机构的社会资本发起的PPP项目提案需要与其他机构进行协调，则可以将该项目移交给PPP中心。然后，PPP中心应按照既定的指南和程序进行操作。

25. 本节的规定不适用于在能源和采矿领域发展绿地项目中的社会资本发起的PPP项目提案。

26. 所有社会资本发起的PPP项目提案应包含以下信息或PPP中心准备的模板中包含的信息：

a. 一份项目提案，包括但不限于以下内容：

(1)对项目目标、规模、实施的预期；位置，对土地和自然资源的使用需求；

(2)对要提供的项目设施、产品或服务的技术要求、标准、质量的初步分析；

(3)预计的项目实施进度和条件；建设，开发项目设施的条件；组织管理，商业运作或提供服务的计划；

(4)土地清理、安置和补偿的总体计划；

(5)对项目财务计划的初步分析,包括以下内容:

(5.1)项目总投资额;

(5.2)资金来源的结构和资本出资计划;

(5.3)参与项目实施的政府投资资金(如有);

(5.4)预估支出、收入来源、价格、产品和服务收费;和

(5.5)收回资本和获取利润的期限。

(6)对项目实施过程中的风险以及相关政府机构与投资者之间的风险分担的初步预期;

(7)关于投资激励和担保形式的建议(如有);

(8)对项目社会经济效益的初步估算;项目对环境和社会的影响。

b. 列明投资者的法律地位、能力、经验,在适宜情况下列明知识产权、商业秘密或其他可能需要受到保护(包括阻止公开)的专有信息。

c. 具有实施类似项目的经验以及环境和社会责任的证据;和

d. 有关政府机构或 PPP 中心要求的其他文件,以说明项目提案。

27. 对于相关政府机构决定进行的每个社会资本发起的 PPP 项目提案,相关政府机构在 PPP 中心应要求提供支持的情况下,应准备瑞士挑战程序,该程序应包括但不限于以下步骤。

a. 有关政府机构应当起草招标书,并邀请竞争性招标的比较方案。

b. 在起草建议书前,相关政府机构应审查主动提出的建议书,并与项目提议人协商确定哪些信息(如果有)被视为专有信息。

c. 如果成功的反提案优于原始的主动提出的提案,则相关政府机构应通知原提议人,给予其至少 45 个工作日的时间匹配或改进所选的竞争提案。

d. 对提案的评估应包括公众需求、项目优点、互补性、概念和技术的独特性和新颖性。

e. 通知应包含被确定为非专有的竞争提案的所有相关详细信息。

f. 如果原提议人与反提议人相符,有关政府机构应继续与原提议人进行谈判。如果原提议人与选定的竞争提议不匹配,则相关政府机构应与选定的竞争提议人进行谈判,目的是基于提交的提议达成协议,该提议可以通过谈判过程进行调整。

g. 考虑并实施原始支持者与中标竞标支持者之间的公平机制和安排。

28. 如果PPP中心和相关政府机构都认为根据招标标准(包括但不限于声誉和国际经验)确定招标过程在相同或相似业务领域的竞争者中无法确保获得更优惠的商业和技术条件,则可以将社会资本发起的PPP项目直接授予私人方。

第六章 PPP项目的资金来源

29. PPP项目可以使用政府的预算来确保其可持续性(可行性缺口补助),也可以经联邦政府同意后根据招标文件的投标条件使用其预算。

30. PPP中心应负责分析所有潜在的政府出资,并应相应地向政府实施机构提供建议。

31. 政府对项目实施的出资应包括但不限于来自政府预算、政府债券、发展援助、实物捐助或其他形式的资金。

32. 只有通过竞争性招标程序或瑞士挑战程序选择的PPP项目,才能通过担保、可行性缺口补助或其他形式寻求政府的支持。

33. PPP中心应建立具体标准,政府可能的出资应以此为依据,包括但不限于以下各项:

a. 除非另有特别建议,对于不超过5000万美元的资本,产权比率(equity ratio)不得低于30%;

b. 对于超过5000万美元的资本部分,该部分负债股权比率(debt-to-equity ratio)不低于20%;

c. 在确定负债股权比率时,就政府对参与项目实施的支持(如果有)而言,政府的投资资本不算作总投资资本的一部分;

d. 投资者应展示可比项目的成功经验,并展现环境和社会责任;

e. 项目公司应负责支付招标文件中规定的保证金;和

f. 投资者应遵守招标文件中规定的其他标准。

34. 计划与财政部应使用《公共债务管理法》中定义的年度中期债务管理计划来确定担保义务总额的绝对年度上限,该上限应每年在《联邦预算法》中予以批准。

35. 现有和计划中的新的政府担保应作为联邦政府的或有负债在年度《联邦预算法》中体现。现有的政府担保也应在联邦政府年度财务报表的附注中进行报告。

36. 私人方可以依据《外汇管理法》,根据 PPP 安排获取股东贷款或离岸融资。

第七章 PPP 的环境和社会因素

37. PPP 项目中的环境和社会影响研究应遵守自然资源和环境保护部的规定。

38. 政府可以负责在适用的法规和标准规定的时限内,重新安置受项目影响人员并向其支付赔偿。

39. 项目文件可规定,私人伙伴有责任根据国际最佳管理向受项目影响的人迅速、公平和适当的支付赔偿,但直接付款应通过有关政府机构。

第八章 PPP 的合同要求

40. PPP 合同可以基于可用付款、BOO、BOT、BTL、BTO、O&M 或政府实施机构考虑的其他的 PPP 形式,在 PPP 中心应要求提供的支持下,以实现最适当的风险分担结构。PPP 中心将为政府实施机构提供指南和合同文件的原则和结构,以供其准备 PPP 合同时使用。

41. PPP 合同可以包括但不限于以下内容:

A. 投资额;

B. 先决条件;

C. 责任和义务;

a. 联邦、省邦或地区政府的权利和义务;

b. 私人伙伴的权利和义务;

d. 风险分担;

E. 激励措施;

F. 争议解决;

G. 有效性和关键绩效指标;

H. 融资;

I. 保险;

J. 期限;

K. 最低履行标准；

L. 绩效监测；

M. 终止；

N. 提前终止和延期；

O. 修改；

P. 不可抗力；

Q. 税收；

R. 审计；

S. 法律变更；

T. 生效日期；

U. 合同期限；

V. 担保和陈述；和

W. 重新谈判。

42. 对于价值超过 1 亿美元的项目，有关政府机构可聘请独立监测员进行定期评估，以确保所有当事方均遵守合同条款。

43. PPP 合同可根据 2016 年《仲裁法》和 PPP 合同的条款进行国际仲裁。

44. PPP 合同原则上应受缅甸法律管辖。

45. PPP 合同可规定，在执行 PPP 合同时，相关政府机构应被视为放弃管辖权豁免和法定执行的豁免。

第九章　PPP 的监督和管理

46. 政府实施机构应监测和监督 PPP 项目，以确保遵守相应 PPP 合同中规定的条款和条件，并应每 6 个月向 PPP 中心发送一份监督报告副本。

47. 发展援助协调单位（Development Assistant Coordination Unit，DACU）应根据缅甸发展援助政策（Development Assistant Policy，DAP）监测和评估由发展援助提供资金的项目。

48. 政府还可以与外部顾问和独立专家合作，以协助对项目进行监测和评估。

第十章　通过股份制或 PPP 机制将国有经济企业部分或全部私有化

49. 有关政府机构可向计划与财政部提交拟部分或全部转让给私营部门的

国有经济企业纳入项目银行。

50. 如果有关政府机构提议对国有经济企业进行股份制或实施 PPP 机制，则计划可以包括以下内容，并由 PPP 中心进行审查：

a. 提供至少过去 5 年的现金流量；

b. 提供有关国有经济企业的就业和劳工的全面信息；

c. 提供有关生产或提供的产品和服务的信息；

d. 准备至少 5 年的预计或预测自由现金流；

e. 根据《公司法》中列出的标准，准备最新的业务记录和账簿；

f. 编制滚动式两年投融资计划和人力开发计划；

g. 编制年度财务报表，并在每个财务年度后 4 个月内对它们进行审计。

51. 对提交给项目银行的进行股份制或公司化的国有经济企业，相关政府机构应确保：

a. 保持固定资产登记册，该登记册应与财务报表核对；

b. 不采取任何可能导致企业资产被减损的行动；

c. 不承担任何新的资本投资计划；

d. 除在日常业务过程中，不增加任何债务；和

e. 除在日常业务过程中不会向任何人提供可能给该人或任何潜在投资者带来任何利益的信息。

52. PPP 中心应协助提交的相关政府机构进行适当的公司化和股份制或 PPP 机制。包括就股份制前的重组提供建议，例如：

a. 将监管职能与商业职能分开并进行重组，以便政府保留监管职能；和

b. 审查法律，以使公司化或股份制的实体能够在公平的竞争环境中竞争并保持在相关市场中的竞争力。

53. PPP 中心和相关的政府机构可以采用各类股份制或 PPP 模式，包括但不限于：

a. 公开发行股票；

b. 拍卖；

c. 通过竞争性投标和瑞士挑战程序安排出售股份；

d. 出售国有经济企业的资产和业务；

e. 国有经济企业的管理层或员工进行的管理层或员工买断；

f. 租赁、管理或特许合同;

g. BOT、BTO、BT、BOO、BTL、BLT、O&M 或其他形式的 PPP;或

h. 其他。

54. 国有经济企业实行股份制时,其股份应分配给计划与财政部代表的国家。

55. 国有经济企业的估价应由独立的估价公司或合格的个人顾问进行,并应向有关政府机构签发评估证书。评估机制应基于以下内容:

a. 基于可持续经营假设的国有经济企业或资产的现值;

b. 企业或者资产不是持续经营的,应当以资产净值为基础进行估价;或

c. PPP 中心批准的任何其他审慎的估值方法。

附录 - 13

缅甸 2019 年联邦税收法

2019 年 9 月 25 日

目　录

一、名称、开始生效日期与释义

总统吴温敏于 2019 年 9 月 25 日签署颁布。

二、税款预期目标

依据《2019 年联邦税收法》,2019 年联邦税收指标定为 79,693.97 亿缅元,其中对国产品和国民消费征收的税收指标定为 40,871.14 亿缅元;对收入和所得征收的税收指标定为 24,736.85 亿缅元;对海关征收的税收指标定为 5200 亿缅元;对开发自然资源征收的税收指标定为 8885.69 亿缅元。

三、规定税率和报告税收情况

(略)

四、相关政府部门的职责和职权

(略)

五、特别商品税

依据《2019 年联邦税收法》,按照《特别商品征收法》第 6 条款征税以下商品。规定税收标准的国产特别商品,须以工厂售价为基础,或由国内税务局局长和国内税务局监管委员会按照市价制定的售价为基础纳税;没有规定税收标准的特别商品,须以国内税务局监管委员会制定的售价为基础纳税;从国外进口的特别商品,以到岸价为基础纳税和以国内税务局监管委员会制定的售价中,须以更高的售价为基础纳税。

特别商品税率

商品种类	市价等级及标准	税收标准(税率)
香烟	每盒(20 根)售价 600 缅元及以下	每根 8 缅元
	每盒(20 根)售价 601 缅元至 800 缅元	每根 17 缅元
	每盒(20 根)售价 801 缅元至 1000 缅元	每根 22 缅元
	每盒(20 根)售价 1001 缅元及以上	每根 25 缅元

续表

商品种类	市价等级及标准	税收标准(税率)
烟草	—	总价值的60%
弗吉尼亚	—	总价值的60%
卷烟	—	每根0.75缅元
雪茄烟	—	总价值的80%
烟丝	—	总价值的80%
槟榔配料	—	总价值的80%
烈酒	每公升售价200缅元至1000缅元	每公升170缅元
	每公升售价1001缅元至2000缅元	每公升424缅元
	每公升售价2001缅元至3000缅元	每公升707缅元
	每公升售价3001缅元至4000缅元	每公升990缅元
	每公升售价4001缅元至5000缅元	每公升1273缅元
	每公升售价5001缅元至6000缅元	每公升1555缅元
	每公升售价6001缅元至7000缅元	每公升1838缅元
	每公升售价7001缅元至8000缅元	每公升2121缅元
	每公升售价8001缅元至9000缅元	每公升2404缅元
	每公升售价9001缅元至10,000缅元	每公升2686缅元
	每公升售价10,001缅元至11,000缅元	每公升2969缅元

续表

商品种类	市价等级及标准	税收标准(税率)
烈酒	每公升售价 11,001 缅元至 12,000 缅元	每公升 3252 缅元
	每公升售价 12,001 缅元至 13,000 缅元	每公升 3535 缅元
	每公升售价 13,001 缅元至 14,000 缅元	每公升 3817 缅元
	每公升售价 14,001 缅元至 15,000 缅元	每公升 4100 缅元
	每公升售价 15,001 缅元及以上	每公升价值的 60%
啤酒	—	总价值的 60%
红酒	每公升售价 750 缅元及以下	每公升 81 缅元
	每公升售价 751 缅元至 1500 缅元	每公升 244 缅元
	每公升售价 1501 缅元至 2250 缅元	每公升 406 缅元
	每公升售价 2251 缅元至 3000 缅元	每公升 569 缅元
	每公升售价 3001 缅元至 3750 缅元	每公升 732 缅元
	每公升售价 3751 缅元至 4500 缅元	每公升 894 缅元
	每公升售价 4501 缅元至 6000 缅元	每公升 1138 缅元
	每公升售价 6001 缅元至 7500 缅元	每公升 1463 缅元

续表

商品种类	市价等级及标准	税收标准(税率)
红酒	每公升售价 7501 缅元至 9000 缅元	每公升 1788 缅元
	每公升售价 9001 缅元至 10,500 缅元	每公升 2113 缅元
	每公升售价 10,501 缅元至 13,500 缅元	每公升 2600 缅元
	每公升售价 13,501 缅元至 16,500 缅元	每公升 3250 缅元
	每公升售价 16,501 缅元及以上	每公升 4060 缅元
原木及木材产品	—	总价值的 5%
1501 至 2000 排量(CC)轿车、房车(Estate Wagon)、双门小轿车(Coupe)等汽车[双排四门小卡车(Double cab 4 Door Pickup)除外]	—	总价值的 10%
2001 至 4000 排量的轿车、总价值的 30% 房车、双门小轿车等汽车(双排四门小卡车除外)	—	总价值的 30%
4001CC 及以上的轿车房车、小轿车等汽车(双排四门小卡车除外)	—	总价值的 50%
天然气	—	总价值的 8%
煤油、汽油、桨油、航空燃油	—	总价值的 5%

《特别商品征税法》说明,合作社和私营企业在国内市场供应的烟草、卷烟和雪茄烟,如在一个财年的销售额不超过 2000 万缅元,则无须纳税。

六、商 业 税

依据《2019 年联邦税收法》,稻谷、大米、碎米、谷壳、花生、芝麻、棉花、玉米、豆类、油棕、洋葱、大蒜、土豆、蔬菜与瓜果、活禽畜、藤产品、食油、盐、鱼虾与肉类、辣椒粉、化肥、电脑、手机、太阳能电池板、太阳能充电控制器、药品原料、教育用具、防护与安全工具、能源部向外国驻缅使馆、联合国等机构供应的燃油、联邦议会批准免税的商品、由政府主持的珠宝交易会售出的玉石与珠宝等42种商品免征商业税。除以上免征商业税的产品外,其他在国内产的商品须以销售额为基础缴纳5%的商业税,或从国外进口的商品须以到岸价为基础缴纳5%的商业税。

依据《2019年联邦税收法》,外交、国防、宗教与文化、通信与交通、教育与宣传、卫生、计划与财政、社会福利救济与安置、工业与电力以及综合领域的32个服务业务获得免税待遇。这些服务业务分别为:驻外使馆外交官及非外交官、雇员的相关服务业务、国防部印刷业务与服务业务、文化艺术服务业务、国内外机构服务业务(资金源于政府基金)、停车场租赁业务、货运服务、搬家服务、公路使用费征收服务、国内外航空运输服务、公交车服务、教育服务、书籍及期刊发行、卫生服务(整容身体除外)、传统推拿或盲人推拿、动物护理、公共卫生间服务、人身安全保险、小额贷款、资金市场服务、金融服务、进出口通关服务、彩票业务、宴请装备租赁服务、丧事服务、幼儿护理服务、计件业务、农业机械化服务、私营小型供电业务、国家机构缴付的执照费、联邦议会准许免征的服务业务、总统府、联邦政府办公室、人民院办公室、民族院办公室等政府机构间的服务业务。除获得免税待遇的32个服务业务外,其他服务业务须以营业额为基础缴纳5%的商业税。

依据《2019年联邦税收法》,建筑商须以建筑销售额为基础缴纳3%的商业税。对于金银饰品的销售,须以销售额为基础缴纳1%的商业税;对于从国外进口的黄金,须以到岸价为基础缴纳1%的商业税。私营领域和合作社领域的产品销售额如1年内不超过5000万缅元,获得免税待遇。

向国外销售的电力,须以销售额为基础缴纳8%的商业税;向国外销售的原油,须以销售额为基础缴纳5%的商业税。销售额如是外币,商业税须按照此法计算后缴纳缅币。

七、个人所得税

依据《2019年联邦税收法》,任何人,如年收入不超过480万缅元,免征收入税；如年收入超过480万缅元，扣除减税部分后的年收入，须按照以下标准缴纳收入税：

把减扣部分扣除后的年收入(单位:缅元)	收入所得税
1万~200万	0%
200万~500万	5%
500万~1000万	10%
1000万~2000万	15%
2000万~3000万	20%
3000万以上	25%

其中，减税部分包括：和父母居住，每位减税100万缅元；有配偶，减税100万缅元；有子女，每位子女减税50万缅元。

八、其他收入税

依据《2019年联邦税收法》，根据《公司条例》注册的或根据《1950年公司特别条例》在缅甸注册的公司、在缅的外国人的收入（除月薪外）、在缅甸投资委员会批准下经营的业务、国营经济机构，在扣除减免部分前，须以纯赢利为基础缴纳25%的收入税。在缅甸石油和天然气领域经营的公司，若获得1000亿缅元的利润，须缴纳40%的收入税；若获得1000亿缅元至1500亿缅元的利润，须缴纳45%收入税；若获得1500亿缅元以上的利润，须缴纳50%收入税。

依据《2019年联邦税收法》，任何公民如购买基础设施、兴建基础设施或创办新业务、扩展业务，若能证明收入来源，将不用缴纳收入税；若不能证明收入来源，须按照以下规定缴纳收入税：年收入1亿缅元，须缴纳3%的收入税；年收入1亿缅元至3亿缅元，须缴纳5%的收入税；年收入3亿缅元至10亿缅元，须缴纳10%的收入税；年收入10亿缅元至30亿缅元，须缴纳15%的收入税；年收入30亿缅元及以上，须缴纳30%的收入税。新成立的中小工业，从开始营业之年的3年内，年利润如不超过1000万缅元，免征收入税；年利润若超过1000万缅元，以超过的利润规模为基础征收收入税。

依据《2019年联邦税收法》，为协助抓获毒品而1年内取得的奖金、为协助抓获非法走私品而1年内取得的奖金、国家授予的奖金、在国外居留的缅甸国民外汇月薪；中奖政府彩票取得的奖金、公务员退休金、发现古董而政府授予的奖金等奖金均免征收入税。

九、珠　宝　税

依据《2019 年联邦税收法》，销售的珠宝，须以实际售价或缅甸珠宝公司规定的售价为基础缴纳珠宝税；从国外进口的珠宝，须以到岸价为基珠宝税。

珠宝总类	税收标准
玉石原料产品	11%
玉石、红宝石、蓝宝石及其他珠宝原材料产品（钻石及翡翠除外）	9%
玉石、红宝石、蓝宝石及其他珠宝原加工产品（钻石及翡翠除外），配有玉石、蓝宝石、红宝石以及其他珠宝的首饰（钻石及翡翠除外）	5%
配珠宝制作的产品	5%

十、其他行业税率

依据《2019 年联邦税收法》，相关政府部门须按现行法律对以下行业税收规定税率、减税标准以及给予免税：酒类税、进口执照费、缅甸彩票、车照驾照费、印花税、旅游服务执照费、酒店与旅馆执照费、游客运输执照费、导游执照费、关税、田地税、水税、水坝税、林业品生产税、金属开采税、渔业税、金属与珠宝税、电信服务业经营税、水力生产电力税、使用空地荒地等业务税收。

参考文献

一、书籍、指南及文章

（一）著作类

1. 吞欣：《为什么要在缅甸投资？》，智慧书屋出版社2013年版。

2. 国家开发银行编著：《"一带一路"国家法律风险报告》（上），法律出版社2016年版。

3. 刘海藩总编：《现代领导百科全书·经济与管理卷》，中共中央党校出版社2008年版。

4. 缅甸投资委员会、投资及公司管理理事会：《缅甸投资指南》，缅甸投资委员会出版社2014年版。

5. 张斌生：《仲裁法新论》，厦门大学出版社2010年版。

6. 一带一路沿线国家法律风险防范指引系列丛书编委会：《一带一路沿线国家法律风险防范指引（缅甸）》，经济科学出版社2016年版。

7. 缅甸投资委员会：《缅甸投资指南（2018）》，德信法律译，缅甸投资委员会出版社2018年版。

(二)论文类

1. 贺圣达:《中缅关系60年:发展过程和历史经验》,载《东南亚纵横》2010年第11期。

2. 卢光盛:《中缅政治经济关系的发展、现状及其意义》,载《国际关系学院学报》2009年第2期。

3. 卢光盛、金珍:《密松事件后中国对缅投资停滞了吗》,载《世界知识》2015年第11期。

4. 赵江林:《缅甸民主化、工业化进程与中缅关系》,载《东南亚研究》2017年第1期。

5. 宋海燕:《浅析新时期国内投资者对缅投资的形势及进展》,载《时代金融》2016年第30期。

6. 熊殷泉:《"一带一路"倡议构想背景下云南企业在缅甸、老挝、越南的投资法律状况》,载《法制与社会》2018年第1期。

7. 杨家府:《影响中缅边境投资环境的主要因素》,载《中共云南省委党校学报》2013年第2期。

8. 杨芳芳:《外国对缅甸直接投资研究》,云南大学国际贸易系2015年硕士学位论文。

9. 宋涛:《中国对缅甸直接投资的发展特征及趋势研究》,载《世界地理研究》2016年第4期。

10. 宋建丹、王国梁:《缅甸投资环境风险分析》,载《城市地理》2017年第2期。

11. 肖丹:《中国企业投资缅甸的现状及遇到的问题》,暨南大学法学系2014年硕士学位论文。

12. 雷著宁、孔志坚:《中国企业投资缅甸的风险分析与防范》,载《亚非纵横》2014年第4期。

13. 原瑞玲、瞿雪玲:《"一带一路"背景下中国与缅甸农业投资合作分析》,载《中国经贸导刊》2017年第16期。

14. 范宏伟:《缅甸工业化及其政策初探》,载《亚太经济》2008年第5期。

15. 黄爱莲等:《2014~2016年缅甸旅游业发展分析与展望》,载《东南亚纵横》2015 年第 8 期。

16. 陈成元:《读懂〈2016 年公寓法〉》,载缅甸《金凤凰》中文报 2016 年 6 月 29 日,第 3 版。

17. 马勇:《越南、老挝、缅甸外商投资法律环境及法律风险》,载《印刷世界》2009 年第 1 期。

18.《缅甸签证指南》,载《出国与就业》2005 年第 12 期。

19. 胡文娟:《在缅甸投资服装业,企业供应链应如何避免童工风险》,载《WTO 经济导刊》2016 年第 6 期。

20. 张帆:《中国 – 东盟自由贸易区税收协调的法律问题研究》,中国青年政治学院 2014 年硕士学位论文。

21. 张曦月:《缅甸投资法律环境研究》,云南大学 2016 年硕士学位论文。

22. 李焕兰:《1988 年以来缅甸工业发展研究》,云南大学 2015 年硕士学位论文。

23. 吴奕盈:《缅甸仲裁制度新发展述评》,载齐树洁主编:《东南司法评论》(2017 年卷·总第 10 卷)。

24. 王晟峰:《缅甸外国投资法研究》,西南政法大学 2014 年硕士学位论文。

(三)其他类

1. Asia Sentinel:"Unrest in Kachin:China's Mixed Blessing", accessed June 1, 2018, http://www.asiasentinel.com/politics/unrest-in-kachin-chinas-mixed-blessing.

2. 缅甸事业部:《"一带一路"背景下中国投资缅甸的重要性挑战及建议》,载正点国际:www.qqfx.com.cn。

3.《资料:缅甸国家概况》,载中国信息网:http://news.china.com.cn/world/2014 – 11/11/content_34021502_2.htm。

4.《安邦东盟:缅甸投资风险报告》,载共识网:http://www.21ccom.net/articles/world/bjzd/20150114118991.html。

5. Asian Development Bank Report:"Myanmar in Transition:Opportunities and Challenges", accessed June 1, 2018, http://www.adb.org/sites/default/files/publication/29942/myanmar-transition.pdf, August 2012.

6.《世界银行预测缅甸本财年经济增长率为7.8%》，载中国网：http://finance.china.com.cn/roll/20160627/3785258.shtml。

7.《缅甸2017～2018财年GDP预计增长率为6.8%》，载国务院发展研究中心信息网：http://d.drcnet.com.cn/eDRCNet.Common.Web/DocSummary.aspx? chnid=1012&docid=5044861&leafid=9&uid=030202&version=edu。

8.《为什么要在缅甸投资?》，载缅甸政府官网：http://www.dica.gov.mm/en/why-invest-myanmar。

9.《仰光区域投资委员会(YRIC)公布批准项目数据》，载缅甸投资研究中心：http://mp.weixin.qq.com/s/-hkGVsZZVr4K1puKyA_W5w。

10.《缅甸3个经济特区建设进展情况》，载中华人民共和国商务部网：http://www.mofcom.gov.cn/article/i/jyjl/j/201402/20140200490689.shtml。

11.《外国人终于可以正大光明在缅甸买房啦!》，载新浪看点网：http://k.sina.com.cn/article_6397991124_17d5998d40010025wb.html。

12.《中国公民赴缅须知》，载中华人民共和国驻曼德勒总领馆网：http://www.fmprc.gov.cn/ce/cgmandalay/chn/lsfw/lsbh/t1100014.htm。

13.《外商在缅开展业务重点关注事项之劳工使用》，载CLB中国法律事务所官网：http://www.clb.com.mm/index/detail-50.html。

14.《中国居民赴缅甸投资税收指南》，载国家税收总局官方网：http://www.chinatax.gov.cn/n810219/n810744/n1671176/n1671206/c2581311/part/2581326.pdf。

15.《缅甸税制概况》，载南博网：http://myanmar.caexpo.com/swzn_md/sz_md/2010/11/24/3508231.html。

16.《关于缅甸海关进出口相关规定与程序》，载新浪网：http://blog.sina.com.cn/s/blog_948d01e60102vnq8.html。

17.《缅甸进口货物指南》，载缅甸贸易网：http://www.myanmartradeportal.gov.mm。

18.《老江湖何新：金融改革路径与银行自由化》，载搜狐网：http://humansarefree.com/2013/11/jfk-killed-after-shutting-down.html。

二、法律法规

1. 2010 年《联邦司法法》
2. 2016 年联邦最高院第 128 号法令
3. 2016 年《投资法》
4. 2017 年《投资法实施细则》
5. 缅甸投资委员会 2017 年第 10 号通知
6. 缅甸投资委员会 2017 年第 13 号通知
7. 缅甸投资委员会 2017 年第 15 号通知
8. 2017 年《公司法》
9. 2014 年《经济特区法》
10. 1987 年《不动产转让限制法案》
11. 1909 年《登记法》
12. 1899 年《印花税法》
13. 2014 年《印花税修正案》
14. 2016 年计划财政部办公室第 146 号通知
15. 2012 年《农用地法》
16. 2012 年《闲置地、休耕地和荒地法》
17. 1990 年缅甸政府通知第 3 号
18. 1992 年《仰光市政法》
19. 2018 年《仰光城市发展法》
20. 2002 年《曼德勒城市发展法》
21. 2009 年《内比都发展法》
22. 2016 年《公寓法》
23. 2016 年《商店和企业法》
24. 2013 年《最低工资法》
25. 2013 年《就业及技能发展法》
26. 2012 年《劳动争议解决法案》(2014 年修订版)
27. 2012 年《社会保障法》

28. 1951 年《假期和假日法》(2014 年修订版)
29. 1951 年《工厂法》(2016 年修订版)
30. 2015 年劳动部有关离职补偿的第 84 号通知
31. 2015 年国家最低工资委员会第 2 号通知
32. 2015 年劳动部有关劳动合同第 1 号通知
33. 1923 年《劳工赔偿法》(2005 年修订版)
34. 2019 年《联邦税法》(2019 年议会法第 30 号)
35. 2019 年《税收管理法》(2019 年议会法第 20 号)
36. 1974 年《所得税法》(2011 年 11 月修订版)
37. 2014 年《所得税修正法案》(2014 年议会法第 15 号通知)
38. 2012 年《所得税法第 103 号通知》
39. 2017 年《预扣所得税第 2 号通知》
40. 2018 年《预扣所得税第 47 号通知》
41. 1990 年《商业税法》(1990 年国家法律和秩序恢复委员会法第 8 号)
42. 2014 年《商业税法修正案》(2014 年议会法第 16 号)
43. 2012 年《商业税法第 104 号通知》
44. 1899 年《印花税法案》(1899 年印度政府法案第 2 号;缅甸法典卷 3)
45. 2016 年《税法第 146 号通知》
46.《海关法》(1878 年印度政府法案第 8 号)(1962 年修订版)
47.《陆地关税法案》(1924 年印度政府法案第 8 号)
48. 1992 年《关税法》(1992 年国家法律和秩序恢复委员会法第 2 号)
49. 2012 年《进出口法》(2012 年议会法第 17 号)
50. 2016 年《特殊商品税法》(2016 年议会法第 11 号)
51. 2012 年《缅甸关税》(2011 年通知令第 278 号)
52. 2016 年《仲裁法》
53. 1809 年《民事诉讼法》
54. 2013 年《缅甸中央银行法》(2013 年议会法第 16 号)
55. 2012 年《外汇管理法》(2012 年议会法第 12 号)
56. 2014 年《外汇管理法实施细则》(2014 年缅甸中央银行第 7 号通知)

三、网　站

–601596620 – https//www. content. next. westlaw. com

–601596621 – https://www. adb. org/countries/myanmar/economy#tabs – 0 – 0

–601596622 – http://www. dica. gov. mm/en/why – invest – myanmar

–601596623 – http://www. dica. gov. mm/en/investment – agreements

–601596624 – https://www. luther – services. com

–601596625 – https://www. dica. gov. mm/en/labor

–601596626 – https//www. duanemorris. com

–601596627 – https://www. us. practicallaw. com

–601596628 – https://www. mol. gov. mm.

–601596629 – https://www. myanmartradeportal. gov. mm, guide to importing goods into Myanmar

–601596630 – http://www. myanmartradeportal. gov. mm, guide to exporting goods from Myanmar

–601596631 – http://www. dica. gov. mm/en/why – invest – myanmar

–601596632 – http://www. adb. org

–601596633 – http://www. cbm. gov. mm. com

–601596634 – http://www. kcyangon. com

–601596635 – http://www. myanmarvisa. com

–601596636 – http://www. lawplusltd. com

–601596637 – http://www. fdi. gov. cn/中国投资指南网

–601596638 – http://mm. mofcom. gov. cn/中国驻缅甸大使馆经济商务参赞处

–601596639 – http://www. mofcom. gov. cn/商务部

–601596640 – http://mm. chineseembassy. org/chn/中国驻缅甸大使馆

–601596641 – http://geography. myanmarol. com/缅甸地理

–601596642 – https://www. dica. gov. mm/en/invest – myanmar

图书在版编目(CIP)数据

缅甸外商投资法律实务指南 / 张晓君,(缅)吴温敏主编. -- 北京 : 法律出版社, 2021(2021.1 重印)
(“一带一路”国别投资法律实务指南丛书)
ISBN 978-7-5197-5047-3

Ⅰ. ①缅… Ⅱ. ①张… ②吴… Ⅲ. ①外国投资法-缅甸-指南 Ⅳ. ①D933.722.9-62

中国版本图书馆 CIP 数据核字(2020)第 200094 号

缅甸外商投资法律实务指南
MIANDIAN WAISHANG TOUZI FALÜ SHIWU ZHINAN

张晓君
[缅]吴温敏 主编
(U Win Myint)

策划编辑 陈 妮
责任编辑 陈 妮 单 洁
装帧设计 马 帅

出版 法律出版社
总发行 中国法律图书有限公司
经销 新华书店
印刷 北京虎彩文化传播有限公司
责任校对 晁明慧 王 皓
责任印制 吕亚莉

编辑统筹 法治与经济出版分社
开本 710 毫米×1000 毫米 1/16
印张 14.75
字数 253 千
版本 2021 年 1 月第 1 版
印次 2021 年 1 月第 2 次印刷

法律出版社/北京市丰台区莲花池西里 7 号(100073)
网址/www.lawpress.com.cn
投稿邮箱/info@lawpress.com.cn
举报维权邮箱/jbwq@lawpress.com.cn
销售热线/400-660-8393
咨询电话/010-63939796

中国法律图书有限公司/北京市丰台区莲花池西里 7 号(100073)
全国各地中法图分、子公司销售电话:
统一销售客服/400-660-8393/6393
第一法律书店/010-83938432/8433
西安分公司/029-85330678
重庆分公司/023-67453036
上海分公司/021-62071639/1636
深圳分公司/0755-83072995

书号:ISBN 978-7-5197-5047-3
定价:88.00 元